유토피아로의 초대

현대수필가100인선 Ⅱ · 24

유토피아로의 초대

김애양 수필선

수필과비평사 · 좋은수필사

■책머리에

 수필은 누구나 부담 없이 읽고, 마음만 먹으면 직접 쓸 수도 있는 가장 친근한 문학이다. 다른 영역의 문학이 영상매체에 밀려 신음하고 있는 중에도 수필 인구만은 날로 증가하여 바야흐로 수필 전성시대를 구가하고 있는 이유도 거기에 있을 것이다.

 시대적 추세에 힘입어 수많은 수필전문지, 수필동인지가 창간되고, 이에 비례하여 신진 수필가도 날로 늘어나다 보니 이제는 그 많은 작가, 그 많은 작품 중에서 문학성 높은 작품을 가려 읽는 일이 쉽지 않게 되었다. 이런 현상은 작가에게나 독자에게나 결코 바람직한 일이 아니다. 더 나아가서는 수필을 연구하는 후세들에게도 큰 부담이 될 것이다.

 이런 문제를 해결하는 데는 출판인도 마땅히 한몫을 감당해야 한다는 평소의 소신에 따라, 본사가 기꺼이 그 역할을 맡기로 했다. 그 첫 번째 사업으로 시대를 대표할 만한 수필가 100인을 선정하고, 작가가 자선한 40편 내외의 작품을 수록한 문고본을 발간하여 이를 널리 보급함으로써 그 소임을 다하고자 한다.

 본사는 사명감을 가지고 이 사업을 추진해 나가기로 했다. 작가 선정을 전담할 편집위원회를 구성하고 전권을 위임하여 일체의 사적인 정실이나 청탁을 배제함으로써 전문성과 공정성을 확보해 나갈 것이다.

 따라서 이 기획물 속에는 작가의 문학정신뿐만 아니라, 본사의 문학사적 기여 의지와 편집위원 제위의 수필문학에 대한 애정과 문인으로서의 양심이 함께 담겨 있음을 자부한다. 다만, 작가를 선정하는 기준에는 많은 견해의 차이가 있을 수 있고, 선정 과정에서도 미처 챙기지 못한 부분이 있을 것이라는 사실만은 인정하지 않을 수 없다. 이 점에 대해서는 관계자 여러분의 양해 있으시기 바란다.

 이 시리즈의 발간 순서는 작가, 또는 본사의 사정에 의한 것일 뿐 그 밖의 어떤 기순도 적용하지 않았음을 밝힌다.

 본 기획물이 시대를 초월한 많은 수필 애호가들의 관심과 애정 속에 우리나라 수필문학 발전에 한 이정표가 되기를 바랄 뿐이다.

 본사에서는 이상과 같은 취지로『현대수필가 100인선』전 100권을 완간하여 큰 반향을 불러일으킨 바 있다.

 그러나 우리 수필문단의 규모나 수필문학의 수준에 비추어 선정 작가를 100인으로 한정하는 것은 형평성이나 효율성 면에서 크게 부족하다는 의견이 많았고, 본사 또한 이를 통감하던 터라 기꺼이『현대수필가 100인선 Ⅱ』를 발간하기로 했다.

 본사의 충정에 찬동하여 출판에 응해주신 저자 여러분에게 감사한다.

2014년 9월

수필과비평 · 좋은수필 발행인 서정환
현대수필가 100인선 간행 편집위원 박재식 최병호
정진권 강호형
오세윤

| 차례 | 현대수필가100인선 Ⅱ · 24

1_부

빗속의 채털리 부인 • 12
오이지 • 16
내 이름은 줄리엣 • 21
내 사랑의 이슬이 그대 뼈에 닿으리 • 25
그대 영혼 앞에 영원한 거지 소녀 • 30
유토피아로의 초대 • 35
부러진 기타 • 39
햇빛 마시기 • 44
빨간 신호등 • 48
내 안의 눈사람 • 52

2_부

펭귄의사 • 58
내가 기다리는 환자 • 63
애인 있어요 • 68
플라톤 시대의 세 가지 성별 • 72
반 쪼가리 의사 반 쪼가리 환자 • 76
유리창은 누가 깨었나? • 81
향초 • 87
두 줄기 눈물 • 91
살려주세요 • 96
부여 쥔 두 손 • 100

3_부

참을성은 어디에서 나오는 걸까? • 106
뚫어진 장갑 • 109
손 없는 날 • 113
무거운 숨결 • 117
나의 초능력 • 120
나는 너를 알고 있다 • 124
기에요? • 128
고마운 점쟁이 • 132
술이 석 잔 뺨이 세 대 • 136

4_부

영원한 구름 너머의 아버지께 • 140
죽고 싶어 • 146
네 번의 결혼 • 151
내가 사과를 먹지 않게 된 이유 • 155
우물쭈물 저 달님 • 158
최초의 환자 • 162
꽃의 주검 • 167
내 친구 무장공자 • 170
댓잎이 전하는 말 • 174
어머니의 보쌈김치 • 179

◼ 작가연보 • 182

빗속의 채털리 부인
오이지
내 이름은 줄리엣
내 사랑의 이슬이 그대 뼈에 닿으리
그대 영혼 앞에 영원한 거지
유토피아로의 초대
부러진 기타
햇빛 마시기
빨강 신호등
내 안의 눈사람

빗속의 채털리 부인

목련꽃 봉우리를 간질이는 빗줄기를 바라보다가 나도 모르게 창밖으로 손을 내민다. 손등을 두드리는 봄비의 연주 솜씨는 예전과 조금도 변함이 없다.

초등학교 6학년 때였을 것이다.

비가 내리면 나는 밖으로 뛰어나가 흠뻑 젖어오곤 했다. 남들은 나를 물에 빠진 생쥐라 불렀지만 나는 스스로 인어공주처럼 우아하다고 생각했다. 어머니는 감기에 걸릴까봐 걱정을 하는 한편 귀찮은 빨랫감이 쌓인다고 야단을 치기도, 달래기도 했다.

수업시간 중에라도 소나기가 내리면 재빨리 체육복으로 갈아입고 운동장을 두어 바퀴 돌고 들어와야 직성이 풀렸다. 나의 예사롭지 못한 행동에 담임선생님은 심각하게 눈살을 찌푸리셨고 친구들은 등 뒤에서 손가락질을 했다. 그러나 그 무엇도 비

맞는 즐거움을 제지하지 못했는데 그 황홀한 일의 발단은 D.H. 로렌스의 ≪채털리 부인의 사랑≫을 읽고 나서부터였다.

전쟁 중에 하반신 마비가 된 채털리 남작의 부인 콘스탄스는 산지기와 사랑에 빠진다. 산지기의 오두막에서 비에 젖는 숲을 하염없이 바라보다가 마침내 그녀는 옷을 훌훌 벗어 던지고는 비속으로 뛰어든다. 그 속에서 꽃을 꺾고 춤을 추기도 하며 온몸으로 비를 느끼다가 마찬가지로 나신이 되어 달려온 산지기와 포옹하는 장면은 아무것도 모르는 어린 나에게 환상적이고 매혹적으로 읽혀졌다. 그 후부터는 비만 보면 달려 나가다가 급기야 어느 장마 진 여름밤에는 기어이 옷을 벗은 채 베란다를 뛰어다니기에 성공했다. 그때의 느낌은 하늘의 축복을 고스란히 받은 것 같다고 해야 할까? 우주의 섭리를 온몸으로 깨달은 것 같다고 해야 할까? 하늘의 사랑을 온통 독차지한 기쁨이었다.

수년간은 부지런히 비를 맞았다. 우산이 귀했던 그 시절, 남들은 우산을 잃어버릴까봐 염려했지만 나는 행여 누군가 우산을 받쳐주어 나의 비를 가로막을까봐 전전긍긍했다.

아가의 솜털 같은 보슬비는 형체도 없이 내려와 **뼛속까지** 스며들어 행복을 주었고, 장대 같이 굵은 소낙비는 후드득후드득 일신의 감각을 깨우치려 안마했다. 가을 날 낙엽을 떨구던 가랑비는 우수가 깃들어 좋았고, 고드름처럼 차가운 겨울비는 영혼까지 일깨울 만큼 매서워도 나쁘지 않았다. 하늘이 대지를 어루만지듯 포근히 내리는 비속에서는 그 비를 맞고 쑥쑥 크는 화초처럼 행복했고, 인간 세상에 화풀이를 하려는 듯 무섭게 퍼부을 때는 폭우와 뇌성을 관장하는 인드라 신(神)과 대적하는 승리감도 느꼈다. 밤비가 나의 귓불을 두드리며 눈물처럼 흘러내리면 하늘을 위로해주고 싶었고 또 그만큼 하늘의 위로를 받고도 싶었다.

그렇게 비를 즐기던 습관은 고등학생 때 그만두었다. 그 당시 대학생이었던, 그래서 모르는 것이 없다고 여겨졌던 오빠가 빗속에는 방사능이 함유되어 있어서 백혈병을 유발한다는 무서운 말을 해주었다. 그렇지 않았다면 지금까지도 비를 꼬박 맞는 옥수수 수염같은 여인으로 살았을지 모를 일이다. 채털리 부인처럼 육체성을 강조하며.

그 시절에 본 영화 〈러브 스토리〉와 〈애수의 크리스마스〉의 주인공이 백혈병으로 슬프게 죽으면서 남겨진 사람에게 얼마나 깊은 상처를 주었던지 세상에서 가장 무서운 병이 백혈병이라 생각했던 것이다.

그렇게 비를 맞던 시절의 나이가 몇 곱절이 쌓여 오늘에 이르렀다. 보태진 나이의 숫자만큼 나를 옭아맨 거미줄이 많기에 나는 오늘 선뜻 빗속으로 달려 나가지 못하는 구속을 느낀다. 나이가 들면 점잖아야 하고, 품위가 있어야 하고 그리고 어른다워야 한다기에.

하지만 이 모든 게 내리는 저 비 때문이 아닐까? 어린 시절

비를 많이 맞아 그만큼 하늘의 축복을 듬뿍 받은 건 아닐까? 가만히 뒤돌아보니 감사해야 할 일이 너무나 많다. 터질 듯 고운 뺨을 부비며 건강하게 자라주는 딸아이, 세상의 어떤 광풍도 끄떡없이 막아줄 것 같은 남편의 넓은 어깨, 운전면허부터 각종 자격시험까지 시험이란 시험은 억세게 운 좋게 통과했던 나의 요행들, 언제까지라도 우산이 되어 주실 것 같은 정정한 양가 부모님들.

  살면서 크고 작은 역경은 많았다지만 하늘은 극복할 수 있을 만큼의 시련만을 준다고 하였던가……. 이런 생각으로 창밖을 내다보니 방안에 앉아서도 비를 맞는 듯 축복이 느껴진다. 여태 누려온 온갖 축복을 이제는 조금씩 나누는 삶이 되어야겠다.

오이지

최근 계속되는 이상기온으로 계절이 위용을 잃어버려도 제철에만 맛을 내는 음식이 있다.

그중에 우리 식구들이 좋아하는 오이지가 있다.

아카시아 향기가 세상을 뒤덮어 한껏 봄을 뽐내고 지나간 후, 그 향기에 힘을 입은 장미가 빨간 얼굴을 내밀어 여름을 알린다. 흐드러지던 장미가 아쉽게 떨어질 때, 이때부터 오이 가격이 떨어지고 시장마다 봇짐 쌓아올린 듯 수북한 오이 더미가 눈에 띈다. 사시사철 비닐하우스에서 재배된 것이 아닌 노지에서 태양을 품고 자란 오이가 수확되었으니 바야흐로 오이지를 담는 계절이다.

다소 울퉁불퉁하고 못생겼더라도 껍질이 얇은 조선 오이를 한 접(100개) 사온다. 껍질에 상처가 생기지 않도록 정성스럽게 씻은 이들을 새끼 새를 쥐듯 조심스레 잡고 항아리 속에 켜켜이 담는다. 여기에 소금물을 만들어 붓는데 이 때 소금 농도가 매우 중요하다. 달걀 하나를 물속에 담갔다가 그 달걀이 떠오르는 시점까지 소금을 넣으면 언제나 일정한 맛이 나는 오이지가 된다.

소금물을 팔팔 끓인 후 항아리에 쏟아 부으면 오이들은 뜨거움을 피해 바짝 오그라드느라 가운데가 텅 비게 된다. 소금물 때문에 오이들이 아우성을 치듯 둥둥 떠오르기 때문에 소금물 속에 푹 잠겨 있도록 무거운 돌멩이로 잘 눌러놓아야 한다. 혹시 반항심이 강한 오이가 돌멩이 아래에서 빠져나와 둥둥 떠다니며 공기와 접촉을 시도한다면 그 반항아는 부패하여 영락없이 물러 터지고 먹을 수 없게 변해버린다.

오이지를 담글 때마다 나 자신이 오이지와 같다는 생각이 든다. 아니 어쩌면 모든 사람들은 저마다 오이지의 단계를 거치는 것이리라. 소금물에 잠겨 2-3주만 잘 견디면 짭짤하고 새콤한 훌륭한 반찬이 될 터인데 돌멩이에 짓눌린 동안을 참지 못하고 발효와 숙성되기를 거부한다면 부패한 음식으로 쓰레기통에 버릴 수밖에 없는 이치에서 인간사를 떠올린다.

음식을 등급 지을 때 우리나라의 된장, 고추장, 김치나 장아찌 등과 서양의 치즈와 요구르트처럼 유산균의 도움을 받아 발효된 음식을 윗길로 치는 것도 바로 이런 숙성의 단계를 거쳤기 때문이리라. 반면에 부패한 음식은 독소를 내뿜어 인체에

해로우므로 미생물의 작용이란 점은 같아도 부패와 발효는 천양지차라고 할 수 있다.

돌멩이에 눌려 소금물 속에서 도를 닦는 오이와 내 모습을 대비해 보았다.

막내로 자란 나는 어릴 때부터 호기심이 많고 자유분방해서 억제를 굴레처럼 못견뎌했다. 부모님의 말씀이, 선생님의 훈계가 혹은 목사님의 설교조차 모두 오이지를 누르는 돌멩이처럼 억압으로만 느껴져 벗어나고 싶은 충동과 수없이 싸웠다. 어른이 되고 결혼을 하고 시댁이란 소금물에 적응하는 동안 나는 또 몇 차례의 오이지가 되었었는지! 오늘도 나는 남편이란 돌멩이 아래에서 발효의 생활을 하고 있는 것 같다.

나는 ≪켄터베리 이야기≫를 읽고 매우 놀랐다. 1400년도에 사망한 영국의 제프리 초오서가 쓴 이 작품은 켄터베리 사원으로 성지 순례를 떠나느라 여관에서 만난 사람들 중 누가 더 재미있는 이야기를 하는지 내기를 하는 내용이 담겨있다. 그 중에 이런 이야기가 있다. 어떤 기사가 처녀를 범하여 왕이 사형을 선고했다. 그러나 기사가 너무 미남인지라 왕비를 비롯한 여인들이 살려 주기를 간청했다. 왕이 왕비에게 권한을 넘기자 왕비는 기사에게 수수께끼를 내고 일 년 안에 맞추면 살려 주겠다고 했다. 그 수수께끼란 "여자가 진정 원하는 것은 무엇인가"였다. 기사는 일 년 동안 세상을 돌아다니며 답을 얻고자 했다. 어떤 이는 재물이라고 또 어떤 이는 명예라 했다.

분방한 자유의 삶이라는 이도 있었고, 화려한 옷이나 침실의 행복을 말하기도 했다. 만족한 답을 구하지 못한 기사는 영락없이 죽게 됐다며 낙망하고 있을 때 어떤 노파가 답을 가르쳐 주는 조건으로 자신과 결혼할 것을 요구했다. 기사는 죽는 것보다는 그편이 나을 것 같아서 승낙을 했다. 노파가 말한 답이란 "여자들은 사랑에 있어서나 남편에 대해서 주도권을 갖고 남자 위에 군림하기를 원한다."는 것이었다. 왕비 앞에 불려간 기사는 그대로 말했고 그것이 정답인지라 사면을 받았다.

내가 놀란 대목이 여기이다. 1300년대에도 여자가 남자 위에 군림하고 싶어 했는데 여성의 위상이 한껏 올라갔다고 하는 2000년대에 남편에게 기죽어 사는 내 모습이 영락없는 오이지 신세인 것 같았다.

이보다도 더 일찍 6세기경의 ≪아더 왕의 전설≫에도 유사한 내용이 들어 있다.

오이지인들 어떠랴! 여름날에 오이지를 막대 모양으로 찢어 고추장에 찍어 먹거나 얇게 썰어서 얼음을 둥둥 띄우고 파와 고춧가루를 얹어 냉국을 만들면 입맛을 찾는데 최고이다. 또 잘게 썬 오이지를 꼭 짠 후에 고춧가루와 참기름으로 무쳐 놓으면 밥 한 공기를 거뜬히 비울 수 있는 고마운 음식이다. 이런 전통 장아찌가 있다면 신의 만찬이라는 암부로시아가 부럽지 않을 것이다.

몹시 마르고 주름진 사람, 못생긴 사람을 오이지에 비유하지만 이렇듯 수분이 빠져나가 쭈그러들어도 섬유소와 무기질이 남아 있기 때문에 인체에 전해질을 보태주고 아삭아삭한 고유의 맛이 있다.

매년 오이지를 담그듯이 앞으로는 나도 자주 오이지가 되어야겠다. 세상일이 욕심대로만 이뤄지지 않을 때, 부당하게 오해받거나 남들이 원망스러울 때 그리고 혼자만 외롭고 쓸쓸하게 느껴질 때 스스로에게 이렇게 타이를 것이다.

'나는 지금 오이지처럼 숙성되는 중이야. 잘 익고 나면 소중하게 대접받는 존재가 될 테니 조금만 참아 보자.'

내 이름은 줄리엣

　15년 전쯤 장안의 화제가 된 소설 중에 김한길의 ≪여자의 남자≫가 있었다. 대통령 딸의 애절한 사랑을 그린 이 작품이 큰 인기를 얻은 데에는 프랑스 시인 자크 프레베르의 작품들을 적절하게 인용한 점이 한 몫 했다. 그중에서도 〈나는 이런 사람〉이 돋보였다.

>　나는 이런 사람
>　이렇게 태어났지
>　웃고 싶으면 큰 소리로 웃고
>　날 사랑하는 이를 사랑하지
>　내가 사랑하는 사람이
>　매번 다르다 해도

그게 어디 내 탓인가요

그런데 이상하게도 몇몇 친구들이 내게 똑같은 말을 했다.
"이 시를 읽으면 네가 자꾸 떠올라. 프레베르가 널 위해 이걸 지었나봐……."
시의 뒷 구절은 더욱 자유분방함을 그리고 있는데 심지어 나도 내 얘기 같았다. 몹시 제멋대로 굴길 좋아하고 무한한 자유를 갈구하는 성향이 같다고나 할까?
그런 기질에 대해 부모님을 원망하곤 했다. 아버지가 딸들에게 이름을 지어 주면서 언니들에게는 소박한 한자를 붙여주고 넷째인 내겐 큰바다 양(瀁)자를 선택하여 나는 애양이가 되었다. '사랑의 바다'라는 찾아보기 드문 이름 덕택에 나도 모르는 새에 바다의 성향을 갖게 되었나 보다.
그러나 아버지가 돌아가시고도 한참 후에야 그것이 얼마나 좋은 이름인 줄 알게 되었다. 어쩌면 줄리엣을 떠올리고 붙여주셨는지도 모를 일이다.

"제 맘은 바다처럼 한이 없고 애정도 바다처럼 깊어요. 그러니 당신께 드리면 드릴수록 제게는 더 많아져요. 두 가지가 다 한량없으니까요."

〈로미오와 줄리엣〉 2막 2장에 나오는 저 유명한 발코니 대사이다. 그렇다면 줄리엣의 우리말 이름은 '애양'이가 아니고 달리 무엇이랴.

내가 생각하는 스스로의 단점은 한계가 없다는 점이다. 그건 끝이 없는 바다처럼 무한정을 뜻한다. 내 머릿속에선 이 세상에 허용되지 않는 일이 하나도 없고 이해 못할 것도 없다. 한 예로 우리병원을 찾는 환자 중엔 트랜스젠더(transgender)들이 많다. 남자에서 여자로 또는 그 반대로 바뀌길 원하는 사람들인데 우리나라에선 아직 이들에 대한 이해가 적어 병원에서 문전박대를 당하기 일쑤란다. 하지만 나는 이들 성전환자를 돕고 싶은 마음이 간절하다. 그들의 소망도 나의 것처럼 소중한 것임을 인정하고 싶다.

그리고 또 나는 도무지 '노(No)'란 말을 못하는 사람이다. 세상에서 가장 두려운 일이 남에게 거절당하는 것이라 혹여 내가 누군가에게 모진 거절을 하게 될까봐 전전긍긍한다. 결국 안 된다는 소리를 못하기 때문에 인간관계에서 질질 끌려가기 마련이다. 강아지를 키울 때조차 야단을 친 적이 없어서 개의 버릇은 엉망이 되어버렸다. 아이들도 친할머니 손에서 자라게 되어 다행이지 만약에 내가 길렀으면 예의범절도 모르게 되었을 거라는 말을 많이 들었다. 만약이란 원래 생기지 않는 일이므로 단정할 순 없다. 오히려 우리 간호사들은 원장님이 안 된다는 말이나 잔소리를 않기 때문에 자발적으로 일할 맛이 난다고 한결같은 성실함을 보여주고 있다.

간혹 누군가 나의 소원을 물으면 "죽을 때 통장에 잔액을 한 푼도 남기지 않을 것과, 가슴 속의 사랑도 한 점 남기지 않을 것"이라 답하곤 했었다. 듣는 이들은 근사하다며 꼭 그렇게 살라고 덕담을 건넸다. 하지만 세월이 흐르면서 나는 더 많은 걸 알게 되었다. 바닷물이 영영 마르지 않을 것처럼 사랑이란 소진되는 게 아니라는 걸. 줄리엣의 대사처럼 사랑은 주면 줄수록 늘어난다는 걸.

　명리학에 따르면 나의 사주는 오행 중에 나무木에 해당된다. 바다 속의 나무라면 나는 혹시 해초가 아니었을까? 물결에 흐느적거리는 다시마나 모자반은 뿌리, 줄기, 잎의 구별이 없이 한통속이니 그것이 바로 매듭도 한정도 없는 나의 자화상일 것이다. 이제 누군가 나의 소원을 물으면 예전처럼 거창한 말은 하지 않으련다. 대신에 늘씬한 해초처럼 살겠노라 말하련다.

　한 잎 미역이 되어 듬뿍 광합성을 하여 바다 깊숙이 맑은 산소를 뿜겠노라고. 어린 물고기들이 내 품을 찾으면 매끈한 손으로 따사로이 어루만져 주겠노라고. 또 사랑하는 흰 수염 돌고래와 마주칠 때마다 이렇게 속삭이며 나부낄 것이라고.

　"내 몸 어딘가에 닿았던 당신의 입술 때문에 나는 영원히 죽지 못하고 깨어 있을 거예요." 그러나 언젠가 죽어야 한다면 한 점 먹거리가 되어 아낌없이 주는 내 이름의 의미가 되겠노라고……

내 사랑의 이슬이 그대 뼈에 닿으리

장마 사이로 반짝 해가 비치던 날 공원으로 산책을 나섰다. 며칠간 쉴 새 없이 퍼부은 폭우 때문에 보도블록이 물에 불린 콩처럼 부풀어 보였다. 도로 위엔 누군가 캄보디아 글자로 낙서를 해 놓은 듯이 지렁이들이 기어 다니고 있었다. 피부로 숨 쉬는 이들 환형동물은 물에 잠기지 않으려고 길거리까지 피난을 나온 것이리라. 한 마리라도 밟지 않으려면 외줄타기 곡예사처럼 묘기를 부리거나 술 취한 행인처럼 갈지之자 걸음을 걸어야 했다. 어느 순간 방심하다 기어이 지렁이를 밟고 말았다. 부지런히 토양을 일구던 생태계의 묵묵한 일꾼이 순직하는 현장이었다. 발바닥을 통해 대퇴골까지 뭉클함이 일시에 전달되었다. 산산이 으깨져 자연으로 흩어지는 한 마리 토룡土龍을 추모하다가 나는 〈장자의 장례식〉을 떠올렸다.

장자가 숨을 거두려 할 때, 제자들이 화려한 장례식을 준비하려 했다. 그러자 장자가 말했다

"하늘과 땅이 나의 관이요,
해와 달이 내게 짤랑이는 구슬이고
행성과 별자리들이 내 주위에서 반짝이는 보석이며
만물이 밤을 새워 나를 애도할 텐데
무엇이 더 필요하단 말인가
모든 게 넘치도록 준비되어 있구나!"
그러나 제자들은 말했다
"스승님이 까마귀나 솔개에게 먹히면 안 되지요"
장자가 대답했다
"그런가? 땅위에 놓아두면 까마귀나 솔개가 먹을 것이요,
땅 밑에 누우면 개미나 벌레가 먹을 것이다
어느 쪽이든 먹힐 터인데
너희들은 왜 새들에게 더 인색한가?"

– 토마스 머튼 《장자의 도》 32편 14절 –

우리가 엄마 뱃속에서 가지고 나왔던 것 중 지금 그대로인 것이 무엇이 있을까? 하얀 치아가 새롭게 돋아났고, 까만 머리털이 점점 자랐으며, 무른 살들이 단단해지고, 성근 **뼈**들이 굵어졌다. 가축을 잡고 풀을 뜯어 몸을 가득 채우게 되었다. 평소

삼겹살과 순대를 유난히 좋아하는 나는 대체 몇 마리나 돼지를 잡아먹은 것일까? 이렇듯 남의 것을 빌어 살았으니 죽은 후에 자연으로 돌아가는 것은 당연한 일이라 하겠다. 사신으로나마 자연에 환원하는 것이다.

비단 몸만 남의 것이 아니다. 생각은 어떠한가? 우리의 생각 중에서 오롯이 나만의 것인 게 얼마나 있을까? 속담 하나 지식 하나 손수 만들어낸 것은 없고 누군가 알려준 것뿐이다. 교육과 학습에 의해 얻어진 것들이 생각을 이루는 것이다. 환자에게 아스피린을 처방하지만 그 지식이 과연 내 것이겠는지? 문화라는 울타리 안에서 길들여진 우리는 문화가 제시하는 대로 생각하게 되었다. 예를 들어 일부다처제인 아랍인과, 엄격한 청교도주의자 그리고 귀한 손님이 오면 아내를 대접하는 에스키모인들 사이의 생각의 괴리는 얼마나 큰 것일까? 결국 개인의 독자적인 생각보다는 남의 머리를 빌려 살고 있는 셈이다. 내 생각만 옳다고 주장할 일이 하나도 없는 것이다.

그렇다면 감정은 어떠할지? 주관적인 감정만큼은 내 것이라 우길 수 있을까?

감정이란 무릇 생각이 빚어내므로 혼자만의 고유한 감정이라 단언할 것이 없을 것이다. 굳이 '집단무의식' 개념을 적용하지 않더라도 만일 감정이 독특한 개인의 소유라면 영화를 보면서 관람객이 동시에 울거나 웃는 일은 생기지 않을 것이다. 생각이 이미 내 것이 아니기에 감정 또한 그러하리라.

감정을 대표하는 사랑에 대해서 생각해보자.

나는 지고한 예술을 사랑한다. 나는 숭고한 학문을 사랑한다. 나는 순수한 아가의 솜털을 사랑한다. 나는 진정한 인간성을 사랑한다. 이렇게 여러 가지를 사랑했으나 비단 그 모두가 나만의 감정일까? 혹은 한 남자를 사랑했다 해도 그 감정이 나 혼자만의 것일까? 보이지 않는 감정을 어떻게 형상화 할 것인가? 빛나는 사랑의 감정이 있었는지 아니었는지 또 어찌 분별할 수 있을까?

미국의 소설가 존 업다이크는 현대에서 '사랑'은 이제 '간음'이란 말로 대치시켜야 한다고 했다. 그만큼 사랑이 오용되고 남용되면서 사회적인 지배를 받는단 뜻이다.

장자가 말하는 무위無爲란 아무 것도 하지 말라는 뜻이 아니라 무엇에도 치우치지 말란 의미이다. 사랑도 미움도 지나치면 무위가 되지 못한다. 연인을 위해서 사랑한다는 감정도 버릴 때 비로소 진정한 사랑이라 부른다.

본디 내 것은 아무것도 없다는 이승의 삶속에서 육신도 생각도 그리고 감정조차 내 것이 아니라하니 그럼 내 사랑을 무엇으로 표현할 수 있을까?

어느 날 달빛아래서 아름다운 시 한 구절에 감동의 눈물을 흘리면 증발된 내 눈물은 대기에 흩날리리라. 이른 아침 들길을 걷는 그대의 복사뼈에 만일 이슬 한 방울 닿는다면 그걸 내 사랑이라 여겨주길.

끝내 전하지 못한 내 사랑은 눈물이 되었다가 회색구름으로 모일 것이다. 장맛비 흐느끼는 어느 여름날, 만일 그대의 어깨 위에 뜨거운 빗방울 하나 떨어지면 그걸 내 슬픔이라 느껴주길. 풍장風藏을 치른 시신처럼 자연으로 돌아간 한 여인의 감정이라 기억해 주길.

그대 영혼 앞에 영원한 거지 소녀

대학 합격소식을 듣고 기뻤지만 특히 앞으론 남자를 자유롭게 만나도 된다는 부모님의 허용에 몹시 설레게 되었다. 그래서 누군가 미팅을 주선하면 빠짐없이 참석하고 다양한 전공분야의 남학생을 만나는 일에 솔선수범 하였다. 거울 앞에서 여러 차례 옷을 갈아입으며 매무새를 가다듬는 날이면 어머니는 미팅 약속을 예측하고는 내 뒤통수에 대고 늘 같은 말을 강조했다. 집에서처럼 까불지 말고 다소곳하게 굴라는 주의에다가 세상 남자들은 자신보다 잘난 여자를 좋아하지 않는 법이니 아는 척을 많이 하지 말라는 당부였다. 어머니의 그런 충고에 나는 도저히 수긍을 할 수가 없었다. 그리 미모가 빼어나지도 않고 체격도 왜소한 나로서는 따로 내세울 것이 없었기 때문에 오히려 모르는 것조차 아는 척을 해야 했다. 오로지 지적인 이미지를 풍김으로서 파트너에게 색다른 인상을 심어주려고 애썼던 것이다.

그 결과는 우울했다. 동화책에서 보았던 대로 첫 만남에 운명을 걸 만한 백마 탄 왕자님도, 전화번호를 물어보는 예절바른 상대도, 집까지 배웅해주는 흑기사도 걸리질 않았다. 미팅의 중요성을 심각하게 생각지 않는 친구들은 쉽게 애인이 생겼건만 내가 만난 파트너들은 한번으로 족했다. 나는 왜 남자들에게 인기가 없었을까?

나름대론 여성스럽고 친절하며 남의 말을 잘 들어주고 상대를 퍽 배려한다고 자부하건만 남자들은 왜 내게 사랑고백을 하지 않는 걸까? 고백은커녕 다시 만나자는 인사치레의 빈말도 없는 걸까?

학교를 졸업해도 상황은 여전했다. 결혼 적령기에 이르러 맞선을 여러 차례 보았지만 번번이 딱지를 맞았다. 어쩔 수 없이 나는 이솝 우화에 나오는 여우의 신포도 마냥 모두 내게 적합하지 않은 상대라고 멋대로 위로하곤 했다. 헌데 그 실마리를 나중에서야 찾게 되었다.

북아프리카 전설 속의 코페추어(Cophetua) 왕은 여성에 대한 관심이 없었다. 독신으로 살기를 고집하다가 어느 날 창밖으로 헐벗은 거지 소녀 페넬로폰(Penelophon)를 보게 된다. 한눈에 거지 소녀에게 반해버린 왕은 그녀와 결혼을 하거나 아니면 죽고 말겠단 결심을 한다. 왕은 거리에 동전을 던져 거지들이 모여들게 만들고 그 무리 속의 페넬로폰에게 다가가 청혼을 한다. 그녀는 기꺼이 받아들여 왕비가 되고 그들 부부는 백성들의 사랑을 듬뿍 받다가 죽은 후에 한 무덤에 잠들었다는 내용이다.

이 이야기를 배경으로 〈왕과 거지〉란 민요가 만들어졌고 심리학에서는 '코페추어 콤플렉스'란 용어도 생겨났다. 즉 남자는 정신적으로나 육체적으로나 상대방에 대해 우월감을 갖지 않고는 성적 매력을 느낄 수 없다는 것이다.

그렇다면 그간에 만났던 남자들은 아는 척을 많이 하는 내게서 매력 대신에 거부감을 느꼈던가 보다. 어머니의 말씀이 꼭 맞은 셈이다. 그 현상은 나이가 들수록 더 심화되었다. 졸업 후에 전문의가 되었고, 석사를 거쳐 박사 학위까지 얻어 점점 '거지'와는 멀어지는 길로 접어들게 되었으므로……

낯익은 그림 중에 에드워드 반 존스의 〈코페추어 왕과 거지 아가씨〉도 유명하다. 검은 머리, 무성한 숱에 진한 수염을 가진 젊은 왕은 남루한 소녀 앞에 무릎을 꿇고 있다. 청록색 갑옷을 입고 창은 땅에 꽂아 두고 빛나는 왕관은 벗어든 채로. 맨발의 헐벗은 소녀가 한 손에 아네모네 꽃을 들고 층계에 앉아 허공을 주시하고 있는 이 그림은 알프레드 테니슨의 시에서 영감을 얻은 것이라 한다.

그녀는 가슴에 팔짱을 꼈는데

차마 말로 다할 수 없이 고왔다
　　맨발의 거지 소녀가
　　코페추어 왕 앞으로 다갔다.
　　관복에 왕관을 쓴 왕이 계단으로 내려와
　　걸어오는 그녀를 맞으며 환영하였다
　　　'놀랄 일도 아니지' 귀족들이 말했다
　　　'햇살보나 아름다운 소녀일세'

　　구름 낀 하늘에서 달이 빛나듯
　　낡은 옷차림에도 그녀가 다 보였다
　　누구는 그녀의 발목을, 누구는 두 눈을,
　　누구는 검은 머리와 매력적인 거동을 찬미했다
　　그토록 예쁜 얼굴, 천사와도 같은 기품은
　　그 나라 어디서도 찾아볼 수 없었다
　　코페추어 왕은 맹세하였다
　　　'이 거지 소녀를 짐의 왕비로 삼으리라'

-알프레드 테니슨 〈거지소녀〉-

'코페추어 콤플렉스'는 문학 작품 속에서 자주 발견된다. 셰익스피어만 해도 〈로미오와 줄리엣〉뿐 아니라 ≪사랑의 헛소동≫ 그리고 ≪헨리 4세≫와 ≪리처드 2세≫ 같은 사극에 몇 차례 언급하고 있다. 셰익스피어 시대야 신분 계급이 나뉘어져 있어서 그랬다고 해도 인간의 평등을 부르짖는 오늘날엔 더 이상 해당되지 않는 심리현상이 아닐까?

그렇지도 않은 것이 최근에 프랑스의 초현실주의 작가 쥘리앙 그레끄의 작품 중에 아예 제목이 〈코페추어 왕〉인 단편을 보았다. 하녀와의 하룻밤 정사가 그려진 내용에서 역시 남성의 우월감을 드러냈다는 사실을 부정할 수 없다.

정말 그런 것일까? 세상 남자들은 자신보다 못한 여성에게서만 애정을 느끼는 것일까? 내가 일방적으로 좋아했던 그리고 내 사랑에 인색하게 굴었던 그네들은 늘 나보다 스스로를 못하다고 여겼던 것일까? 난 이렇게 보잘것없는 영혼인데 대체 누가 누구보다 우월하고 열등하단 말인가? 이젠 코페추어 콤플렉스 따윈 상관없는 나이가 되었지만 나는 여전히 마음속으로 이런 말을 되뇌고 있다.

'그대 영혼 앞에 나는 영원한 거지 소녀이고 싶습니다.'

유토피아로의 초대

어린 시절 우리 오남매는 어지간히도 싸우면서 컸다. 맏언니보다 11살이나 어린 나는 싸움의 상대도 되지 않았으련만 언니들에게 울며불며 대드는 일이 잦았다. 그 원인제공은 주로 둘째 언니가 했다. 내가 초등학생일 때 대학에 다니던 그 언니는 나머지 식구들과는 생각이 많이 달랐다. 예를 들어 김장을 담그는 날에 온 가족이 모여 절인 배추를 나르고 무를 채치느라 분주한데 혼자만 외출을 단행하는 것이었다. 봄맞이 대청소나 도배 하는 날에도 언제나 불참이었다. 어머니의 일손을 덜어 드리고자 딸들이 순번을 돌며 설거지를 하기로 정했지만 둘째 언니는 절대로 응하지 않았다. 결국 나머지 세자매만 번갈아 일을 해야 했다. 집안일을 돕지 않겠다는 언니의 이유는 더 기가 막혔다. 자신은 장차 미국에 갈 계획이므로 모든 것이 기계화 된 그곳에서 살기 위해서는 자질구레한 일을 하지 않는 습관을 들여야 한다는 것이었다. 설거지 따위는 식기세척기가 다 해 줄 테니 오직 버튼 누르는 연습만 하면 된다면서…….

그런 언니가 몹시 얄밉고 그의 몫의 일을 한다는 게 엄청 분했지만 내심 언니가 꿈꾸는 별천지가 궁금하기도 했었다. 식구 중에서 가장 출중한 미모에다 생각이 진취적인 둘째언니는 곧잘 내게 선진국이야기를 해주었다. 우리 집 마당의 수도꼭지로선 상상조차 할 수 없는 더운물이 줄줄 흘러나오는 목욕탕이라든지, 정기적으로 오물을 퍼내는 대신에 줄만 당기면 삽시간에 흔적이 씻기는 수세식 변소라든지, 옷장도 제대로 구경하지 못한 판국에 음식을 차갑게 보관한다는 찬장 등을 설명하면 나도 덩달아 미국에 대한 선망이 샘솟곤 했다. 하지만 겨울이면 손등이 거북이 등껍질처럼 터져서 글리세린을 바르고 자도 여전히 피가 나던 시절이었던 만큼 도무지 언니 말을 액면 그대로 믿을 수 없었다. 어떤 때는 듣다못해 뻥 좀 그만 쳐 그런 나라가 어딨겠냐고 덤비기도 했다. 그러면 언니는 "글쎄 거긴 유토피아라니까."라고 천연덕스럽게 대꾸했다.

그때 처음 들었던 유토피아란 단어에 홀려 언니의 온갖 횡포를 잠시 잊기도 했는데 그 언니는 졸업을 하자마자 미국 땅으로 떠났으므로 자신이 추구한 대로 손에 물을 묻히고 살았는지 말았는지 정확히는 모른다. 어쩌다 귀국을 하면 모국의 변화에 혀를 내두르는 모습을 보았을 뿐이다.

돌아보면 불과 30년 사이에 우리나라가 이룬 경제발전은 실로 기적과도 같다. 어쩌다 미국 드라마를 봐도 우리만큼 안락하게 사는 것 같지 않다. 당장 북한만 해도 우리와는 생활수준을 비교조차 할 수 없고 요즈음 민주화 운동이 거세게 부는 아랍 국가들에 비하면 우리는 얼마나 월등하게 앞서고 있는지. 그렇다면 어린 시절 언니가 말하던 유토피아에 나는 이미 도달해 있는 게 아닐까?

모처럼 토머스 모어의 ≪유토피어≫를 꺼내 보았다.

1516년 당시의 영국 빅토리아 왕조를 풍자하느라 쓰였다는 이 책에는 이상 국가가 그려져 있다. 유토피아에 사는 사람들은 누구나 똑같이 하루 중 6시간만 일을 한다. 남녀노소가 모두 균등한 노동을 하므로 육체노동으로 허덕일 까닭이 없다. 남은 시간은 교양을 함양시키는 데 쓴다. 바로 유토피아에서 추구하는 바가 자유와 교양이기 때문이다. 공정하게 선출된 공무원들이 이들의 삶을 돌보는 일을 맡는다. 유토피아인들은 허례허식을 지양하고 검소한 생활을 하면서 덕이란 자연에 따르는 삶이라고 정의한다. 아이러니하게도 유토피아라면 의당 질병 따위는 없을 것 같은데 진료와 병원에 대한 내용도 나온다. 유토피아의 병원은 크고 널찍해서 환자들을 쾌적하게 수용하고 또한 전염병 환자 격리에 철저하다는 것이다. 아주 유능한 의사들이 언제나 자리를 지키고 있으며 시설과 장비가 좋아서 환자들이 집보다 병원을 선호한단다. 의사가 지정한 음식을 환자에게 우선적으로 주고 남은 것을 회관으로 분배한다는 것으로 미루어 환자를 우선 배려한다는 것을 알 수 있다.

책을 읽다보니 토머스 모어가 제시한 이상향이 현대인의 삶보다 나을 것도 없어 보인다. 사형 폐지를 주장하는 등 휴머니즘을 강조하지만 그곳엔 여전히 노예계급이 있었고 사유재산을 인정하지 않는 공동체라서 개선할 점도 눈에 뜨인다. 화폐도 없고, 도박도 없고, 술집도 없고, 사창가도 없고, 타락할 기회도 없고, 숨을 곳도 없으며 비밀 집회를 할 장소도 없다는 대목에 이르면 거기는 참 무료한 곳일 것만 같다.

우리는 이미 그의 유토피아를 뛰어넘어 더 나은 세상에서 살고 있는 게 아닐까?

유토피아(Utopia)는 그리스어로 '아무데도 없는 곳'이라는 뜻으로서 영어로는 노웨어(Nowhere)이다. 이걸 나누어 읽으면 나우 히어(Now Here)가 된다. '지금 여기'라는 말이다. 그러니까 유토피아는 봄 햇살이 눈부시게 퍼지는 지금 내 진료실인 셈이다. 비록 인생은 언제나 불만투성이지만 더 이상 두리번거리지 말고 또 다른 정토를 꿈꾸지도 말고 오늘 내가 사는 이곳을 유토피아라 믿어 보리라.

부러진 기타

　출근길에 병아리 행렬과 마주쳤다. 한 손을 높이 들고 올림픽공원을 향해 길을 건너는 유치원생들은 영락없이 사랑스런 햇병아리 떼였다. 새봄의 노란 햇살도 어린 생명에게 이끌리는 듯 가일층 눈부시게 쏟아져 내렸다. 그중 한 아이가 나의 눈길을 끌었다. 바이올린 케이스를 들고 가는 꼬마였다. 장기자랑을 하려는 것 같았다. 녀석의 악기를 물끄러미 바라보다가 오래전 기억 속으로 봄나들이를 떠났다.

　중학교 2학년 때의 일이다. 평소 "저요, 저요." 하고 나서기를 좋아했던 나는 교탁용 덮개를 만들어 오거나 커튼을 빨아올 사람을 찾으면 제일 먼저 손을 들곤 했다. 하지만 집에 가면 화살받이가 되기 일쑤였다. 세 언니가 모두 나를 공격해왔다. 우리보다 잘살고 나보다 공부 잘하고 또 감투를 쓴 친구들이 많을 텐데 어째서 학급 일을 도맡아 오냐는 것이었다.

  오 남매를 키우던 어머니는 막내인 나까지 세세하게 돌봐줄 여유가 없었다. 나는 아마 어머니의 관심을 이끌어내고자 자꾸 일을 저질렀던 것 같다. 그래도 어머니는 한 번도 날 허풍쟁이로 만들지 않고 밤새워 테이블보에 자수를 놓고, 빨래를 해주었다. 그런 어머니의 후원에 힘입어 나의 "저요, 저요." 병은 깊어져만 갔다.

  봄 소풍에 장기자랑 지원자를 찾았을 때, 여지없이 나는 손을 들고 말았다. 집에는 기타가 하나 있었다. 대학생이던 둘째 언니 소유의 그 중고악기는 클래식연주용이라 쇠줄이 아닌 나일론 줄이 매어져 있어 퍽 부드러운 소리를 냈다. 클래식이란 단어에 매료된 나는 언니 몰래 기타를 가지고 놀았다. 피아노를 바이엘부터 시작하듯 초급 기타교본이 따로 있었는데 거기에는 쉽고도 예쁜 곡들이 많았다. 손가락 끝에 물집이 잡히고 굳은살이 박이도록 연습했지만 질리지 않을 만큼 기타 소리가 참 좋았다. 혼자 듣기 아까워 자꾸 누군가에게 자랑하고 싶어지는 것이었다. 다만 자신의 물건이 남의 손을 타는 걸 견디지 못하는 언니에게 들킨다면 내게 돌아올 후환이 두려울 뿐이었다.

  소풍날 무사히 기타를 들고 나갈 수 있기를 기도한 덕에 언니가 일찍 등교하는 운수 좋은 아침을 맞았다. 하지만 좋은 오전 운수가 오후까지 이어지는 일은 대체로 드물다. 동구릉의 너른 벌판에서 엉성하게 바흐의 〈미뉴에트〉를 연주했으나 아이들은 아무도 나의 클래식연주 따위에 귀 기울이지 않고 떠들어 댔다. 어쩌면 나뭇가지 위에서 듣던 까마귀가 웃을 만큼 형편없는 솜씨였는지도 모르겠다. 오직 전교생 앞에서 우아하게 클래식기타를 연주하는 사람이란 걸 뽐내는 것만으로 나는 충분히 만족할 수 있었다.

돌아오는 길에 버스를 기다리며 잠시 기타를 길가에 세워두었던 것이 화근이었다. 기타는 얄팍한 헝겊 옷을 입고 있었기에 넘어지는 순간 목이 댕강 분질러져 버린 것이었다. 교수형이나 단두대란 말이 섬뜩한 이유를 그때 잘 알게 되었다. 목이 잘린다는 게 얼마나 큰 공포감을 불러일으키는지……. 부러진 기타 머리는 인형극의 무능한 주인공처럼 대롱대롱 줄에 매달려 간신히 본체에 붙어 있었다.

그러나 언니가 내게 퍼 부을 분노를 떠올려보면 나도 그 기타 신세와 다를 바가 없었다. 순간접착제를 사다 발라보아도 장력이 500g에 달하는 기타 줄을 감당하기엔 어림없는 일이었다. 다급하게 옆집 목수 아저씨를 찾아가니 'ㄷ'자형 못으로 연결해주었다. 살그머니 제자리에 망가진 기타를 세워두었지만 일주일 후 발각되었을 때는 사실은폐 죄까지 특별 가중되어 몇 배나 곤욕을 치러야 했다. 당돌한 문제아로 부각되면서 언제나 내편이었던 아버지의 얼굴에 조차 근심이 드리워졌던 뼈 아픈 사건이었다.

그런 일을 겪고도 37년이 지난 지금까지 난 조금도 변한 것이 없다. 어디서나 "저요, 저요."하고 나서길 좋아한다. 그것이 나의 허영심일까? 혹은 영웅심일까?

그 탓은 기질에다 두어야 할 것 같다. 우주의 원소를 공기, 물, 불, 흙으로 나눈 엠페이도클레스의 4원론에 따라 히포크라테스는 체액을 피(blood), 황담즙(choler), 흑담즙(melancholy), 가래(phlegm)로 분류하였고 갈렌이 다시 다혈질, 담즙질, 우울질, 점액질로 기질을 나누었다.

다혈질은 항상 즐겁고 생동감이 넘치지만 충동적이고 변덕스러운 사람이다. 담즙질은 자신만만하고 의지가 강하지만 이기적이고 오만하다. 우울질은 섬세하고 예민한 반면 답답하고 침울한 성격이고, 점액질은 유순하고 느긋해도 열정이 없다는 단점이 있다. 이들 기질에 대한 이야기는 셰익스피어 작품 속에도 종종 언급되고 스탕달은 아예 기질에 따라 사랑을 분류했다. 교육학에서는 정확한 기질을 파악하는 것이 인성계발에 필요하다고 한다.

어느 날 남편의 동창이 모임에서 기질 테스트를 해주었다. 설문조사처럼 간단한 검사였다. 그 결과 나는 상당한 다혈질의 소유자로 나왔다. 평소에 나약한 여자처럼 굴고 남편에게 "네, 네." 순종하는 모습만 보아 온 친구들은 나를 대표적인 점액질로 예상했는데 의외의 결과라며 놀라워했다. 사실 나도 놀랐다. 언제나 나서길 좋아하고 즉흥적이고 후회할 일이 많은 것은 지나치게 다혈질인 탓이었다. 그런 성정을 다스릴 수 있었다면 기타의 목이 부러지는 에피소드는 발생하지 않았을 것이다.

    네 가지 기질들이 균형과 조화를 이룰 때 건강이라 부른다. 치우치지 않고 평형감각을 유지하는 삶이란 각 기질의 장점을 살리고 단점을 없애도록 노력하는 것이다. 크게 즐거울 일도 크게 슬퍼할 일도 없는 것이 인생이란 걸 터득한다면 기질조차 쉬이 바꿀 수 있으리라. 사람이란 원하는 걸 다 하며 살 수는 없다고 강조하는 남편은 나의 두드러진 다혈질 성향을 늘 못마땅해 하는데 오늘도 나는 아파트 반상회에서 반장을 선출한다기에 "저요, 저요."하고 손을 들고 말았다.

햇빛 마시기

 병원을 차리면서 진료실을 남쪽에 둔 것은 그 무엇보다 잘한 일이다. 태양이 유리창 너머로 사시사철 나를 찾아와 실내를 환하게 만들어준다. 창가에 늘어놓은 난초들도 나만큼 행복하리라. 백화점처럼 온통 밀폐된 구조에 비하면 햇볕을 쪼이며 일할 수 있는 것이 얼마나 큰 축복인지 모른다.
 게다가 창밖에는 볼거리도 많다. 전신주 사이로 맵시를 뽐내는 까치들, 변신의 귀재인 뭉게구름, 산들바람이 허공에 남기고 간 자국들 그리고 햇빛 줄기까지……. 빛의 미덕은 스스로를 비추는 것에 보태어 남을 밝힌다는 것이라니 더 적극적으로 다가가기를 시도한다. 그것이 바로 '햇빛 마시기'이다.
 투명하고 키가 큰 유리잔 하나를 장만해 온종일 창가에 세워둔다. 햇빛을 담는 것이다. 빈 잔 속엔 그날의 날씨만큼 햇빛이 차오른다. 궂은 날엔 찌무룩한 해님이, 화창한 날엔 컵이 터져나가리만큼 밝은 기운이.

잔이 차면 햇빛을 마신다. 세례 받는 신자처럼 거룩한 심정이 되어 천천히 온몸으로 잔을 들이켜 본다. 날마다 같은 잔으로 마시지만 맛은 왜 그리 다른지 모른다. 기분이 좋은 날의 햇빛 맛은 달콤하고 매혹적이지만, 화나고 찌푸린 날엔 황사를 마신 듯이 텁텁하고 우중충하다. 처음엔 빈 잔을 마시는 스스로의 모습이 민망해서 어떤 표정을 지어야 할지 몰라 했던 것도 사실이다. 날마다 반복하면서 햇빛 음미시간은 점차 다채로운 표정을 갖게 되었다. 햇빛을 맛본다는 건, 온몸을 햇빛으로 가득 채운다는 건 필경 경건하고도 신성한 의식임에 틀림없다.

이따금씩 다른 이들에게 잔을 권하면 그 속이 비어 있음에 당혹해 한다. 그러나 햇빛이 차있다는 설명을 하면 누구나 기꺼이 맛있게 잔을 비운다. 그래서 세상엔 햇빛을 싫어하는 사람은 아무도 없다는 걸 알게 되었다. 혹자는 의사인 내가 권하니 각별히 건강에 좋을 거라고 어떤 의미를 부여한다. 물론 햇볕이 비타민 D를 합성시켜서 구루병 예방을 한다는 건 잘 알려져 있다. 하지만 내가 햇빛을 마시기 시작한 연유는 그런 의학적인 차원이 아니다.

처음 착안을 한 건 2008년도 노벨문학상 수상작가인 르 끌레지오의 〈룔라비(Lullaby)〉를 읽고 나서였다. 룔라비란 자장가란 뜻으로 어느 여고생의 이름이다. 그녀는 테헤란의 바닷가에서 머리를 젖히고 이마와 눈꺼풀로 햇빛의 열기를 느끼는 동작을 취하며 그것을 '햇빛 마시기'라고 불렀다. 며칠씩 무단결석을 하고 자유로움을 구가하는 그 소녀가 몹시 부러웠던 나는 소녀를 따라 하고 싶었다. 다만 내가 사는 곳이 바닷가가 아닌 회색 도심이므로 햇빛을 따로 모아 마셔야만 했던 것이다. 어쩌면 내가 특별히 좋아하는 '위로'란 단어가 영어로 'consolation'인 것이 '태양을(solar) 가지고(con)'란 의미일지도 모른다는 생각이 들었다. 햇빛을 마시는 동작이 유난히 위로를 안겨주므로…….

태양에 대해 관심을 갖게 된 것은 〈에로티즘〉의 저자 조르주 바타이유를 알고 나서부터였다. 그에 의하면 지구는 대가없이 무한히 주어지는 태양열 때문에 에너지 과잉에 시달렸고, 그 과잉을 지혜롭게 소비하지 못할 때마다 인류 역사에 불가피한 전쟁이 발발했다는 것이다. 그는 자본주의의 목표인 생산과 축적보다 한결 중요한 것이 적절한 소비란 점을 역설한 학자로서 사치, 축제, 섹스, 도박, 술, 희생제의 등 남들이 저주의 영역으로 여겼던 분야를 조명한 것으로 유명하다.

그런데 남아도는 것은 비단 태양에너지만은 아니다. 중년이 되고 자녀교육을 다 마친 후에 시간과 정신의 여유가 생기면서부터 주체 못할 만큼 넘치는 나의 열정은 어떠한가? 나의 욕망은 어떠한가? 굳이 '인간은 욕망하는 기계'라는 철학자의 말을 인용하지 않아도 하나의 결핍을 채우면 또 다른 결핍이 나타나

인간은 끝내 만족할 수 없는 게 아닐까? 나는 언제나 남의 시선을 내게 집중시키려 하고, 더욱 인정받고 싶고, 더 많은 걸 소유하려 하며, 남을 좌지우지하는 사람이 되고 싶어 한다. 그런 나의 욕망은 남아도는 잉여일 뿐 아니라 살아있는 한 절대로 해결되지 않을 것임을 안다. 버리라고 비우라고 하는 말은 익히 들었어도 그 구체적인 방법을 나는 모른다. 욕망을 채울 수 있다는 희망은 허구이고, 비울 수 있다는 믿음은 오만일 것이다.

오늘도 한잔의 햇빛을 들이켜면 내 몸 구석구석의 세포는 태양빛과 열기로 포화된다. 남아도는 태양 에너지로써 넘치는 나의 열망들을 상쇄시키는 것이다. 이렇게 태양이 날마다 위로하는 한 나는 부족함을 느끼지 않으리라…….

빨간 신호등

 운전을 하다보면 유난히 놀랄 일이 많다. 깜박이도 켜지 않고 끼어드는 차, 골목에서 예고 없이 뛰쳐나오는 사람, 심지어는 천진난만하게 뛰어드는 꼬마 때문에 급브레이크를 밟으며 혼비백산을 하곤 한다.
 그렇게까지 돌발 상황은 아니더라도 제동을 걸어야 할 순간도 있다. 그 중에서 차간 간격을 넓게 놔둔 채 더디 가는 차의 꽁무니를 뒤따르려면 갑갑하기 짝이 없다. 그나마 '초보운전' 표지를 붙인 차는 귀엽기라도 하지만 핸드폰을 든 채 한 손으로 운전을 하거나 조수석에 앉은 연인과 호호거리는 차 뒤에선 나의 급한 성정이 드러나면서 험한 말이 튀어나오곤 한다.
 그럴 때마다 혼자 다짐한 바가 있다.
 '누군가에게 브레이크를 밟게 만들지 말자.'

그건 흐름에 맞춰 운전을 잘하자는 것과 주행 중엔 운전에만 집중하자는 의미도 있지만 조금이라도 남에게 민폐를 끼치지 않겠다는 결심이었다.

이제는 운전면허증 딴 지도 30년이 넘었으므로 운전이 그리 어려운 것은 아니다.

진심은 달리 있었다. 브레이크를 밟지 말도록 하겠단 것은 누군가에게 장애물이 되거나 발목을 잡는 사람이 되지 않겠다는 의미이면서 동시에 제발 나의 자유를 구속하지 말아달란 요청이었다.

내겐 결혼생활이 온통 장애이고 구속이며 족쇄처럼 여겨졌기 때문이었다. 외아들인 남편과 살다보니 시어른을 봉양하며 생기는 어려움도 있지만 외아들의 성향은 외골수에다 타협이 어렵다는 특징이 있었다. 독재성이 돋보이는 남편에게 나는 기꺼이 히틀러라는 별명을 붙여주었다. 반면에 나는 새장에 갇힌 새처럼 갑갑함을 느꼈다. 강아지만 해도 묶어 놓으면 풀어 놓은 개보다 더 크게 짖고 자기표현을 강하게 하기 마련이다. 나는 맷돌에 비끌어 매인 오색풍선처럼 끊임없이 나부꼈다.

사실 결혼 후에도 나는 공부를 계속하고 싶었다. 그 중에서도 한의학에 관심이 많았다. 동서의학을 하나로 아우르면 전대미문의 명의가 될 것 같았다. 직장인을 위한 야간 대학원이 적잖이 눈에 띄었다. 하지만 그런 소망을 내비치자 남편은 단호하게 제동을 걸었다. 뭘 배우러 다니려면 이혼 후에나 가능하다고 말했다. 해결은 간단했다. 나의 배움에 대한 열의를 버리면 되는 것이었다. 향학열을 덮어버리고 자기 계발을 위해 달리는 차의 브레이크를 단단히 밟아두면 되었다.

남편은 내게 언제나 빨간 신호등으로 행세했다. 동창회를 가는 것도 불가, 친구를 만나는 것도 노(no), 학회참석도 안된다며 무조건 일찍 귀가해서 가족을 돌보라고 했다.

마음속의 브레이크를 꼭 밟아두면 양보하기란 쉽다. 정시에 퇴근하여 저녁상 차리고 양순한 아내와 착한 며느리 노릇을 하는 것이 뭐 그리 어려운 일이겠는가? 꿈꾸지 않으면 더 깊이 잠들듯이 뜻을 포기하고 체념하면 삶이 편안하다. 하지만 그렇게 밟아 놓은 제동기 때문에 나는 피해의식이 생겼나 보다. 앞차의 브레이크 등이 켜질 때마다 그리고 정지 신호등 앞에 설 때마다 공연히 한숨이 쉬어지곤 했던 것이다.

'저 빨간 색만 없다면 나는 무한히 질주할 수 있을 텐데 ……….'

다행히도 생각은 차츰 바뀌어 갔다.

거기엔 처음 운전대를 잡았던 시절의 기억이 한몫했다. 당시 수원에 취직이 된 나는 한밤중에도 분만을 받기위해 총알처럼 고속도로를 달려야 했다. 하루는 제왕절개를 마치고 나오니 함박눈이 펑펑 쏟아지고 있었다. 눈길에서의 첫 운전이었다. 한산한 도로에 어쩌다 보이는 차들은 흡사 살충제를 맞은 바퀴벌레처럼 비실비실 거리며 앞으로 나가지 못했다.

내 생각에 그 차들은 눈 위에선 속도를 내지 못할 만큼 낡은 것 같았다. 반면에 새로 뽑은 내차는 눈길에서도 액셀러레이터가 우수하니 우쭐해졌다. 자정이 넘은 시각 눈 쌓인 넓은 도로는 오직 나 하나를 위한 길 같았다. 호수 위의 배처럼 부드럽게 미끄러지는 느낌에 절로 콧노래가 나왔다. 그러다 톨게이트에 이르러 속도를 줄이고자 할 때, 그때 비로소 알게 되었다. 왜 눈길에서 달리면 안 되는가를…….

브레이크를 밟자마자 차는 뱅그르르 돌기 시작하더니 묘기를 부리는 피겨스케이팅 선수처럼 도무지 멈출 수가 없었다. 미끄러지고 헛돌기를 반복하면서 공포 속에 허우적거렸지만 그나마 반대편 차도에 차량이 없어 지금껏 살아있게 되었다. 경부고속도로 한 가운데서 곡예를 부리고 난 후에야 속도를 낸다는 게 얼마나 무서운가를 뼈저리게 느꼈고 이후론 눈발만 흩날려도 절대로 차를 몰지 않게 되었다.

그렇다면 내게 빨간 신호등을 켜주는 이들에게 오히려 고마워해야 하지 않을까? 제어할 수 없이 속도를 내다가는 낭패를 보고 말테니. 빨리 달려 올라가면 빨리 내려 와야 하는 게 세상 이치일 테니. 그리고 질주疾走란 '달리는 질병'이라는 무서운 뜻을 가졌으니까.

내 안의 눈사람

　어릴 적에는 겨울 한 철 동안 서 너 개의 눈사람과 사귀곤 했다. 그림 속 눈사람은 주로 중절모를 쓴 모습이지만 내가 만든 눈사람은 늘 대머리였기에 나는 눈사람을 여자일 거라고 생각해본 적이 없다. 수호신처럼 대문 앞에서 밤낮없이 나를 지켜주는 든든한 남자였다.
　한번은 눈사람에게 아버지의 고급 실크 넥타이를 매어줬다가 어머니에게 심하게 야단을 맞을 정도로 눈사람 치장에 몰두하곤 했다. 그처럼 겨울이 눈사람과의 추억으로 아롱졌던 것이 언젠가부터 이 도시에 눈이 거의 내리지 않고, 눈이 온다 해도 뛰어나가 놀 만큼 한가하지 않게 되어 한동안 그의 존재를 잊고 지냈다. 어쩌면 눈사람의 핵심인 연탄재가 없어진 점이 그와 소원하게 된 가장 큰 이유인지도 모른다.

지난겨울엔 100년만의 폭설이라며 며칠동안 하염없이 눈이 내렸다. 잠시라도 눈이 쌓이는 걸 견디지 못하는 자동차들을 위해 도로에는 염화칼슘이 뿌려졌지만 골목길엔 백설기처럼 푸짐하게 눈이 보존되어 있었다. 건물 옥상으로 올라가 보기기에는 그 누구의 발자국도 찍히지 않은 순백의 설원지대였다. 나는 즉시 세월을 뒤로 돌려 꼬마아이가 되어 눈밭으로 달려들었다. 하지만 그새 눈 굴리는 요령을 잃어버렸던지 좀처럼 눈덩이가 불어나질 않았다. 아마 날이 너무 추워 눈 입자가 얼어붙은 탓인 듯했다. 손발이 마비되도록 오랫동안 추위 속에서 실랑이를 한 후에야 간신이 두개의 눈덩이를 완성했다. 그 무거운 걸 낑낑거리며 엘리베이터에 싣고 내려와 주차장 입구에 세워두었다. 그리고 조물주가 된 기분으로 잣나무 가지로 눈썹을 붙여주고 주황색 영양제 뚜껑을 꽂아 코를 만들어 주었다.

다행히 추위가 계속되어 눈사람의 수명이 오래 지속되었다. 날마다 눈웃음을 치는 그의 모습이 다정하고도 친근했다. 출근하여 제일 먼저 반기는 그의 인사 덕분에 하루가 더 생기 있게 시작되었고 오가며 쳐다보는 이들도 저마다 귀엽다고 한마디씩 했다. 그렇게 일주일이 넘도록 자리를 빛내던 눈사람이 서서히 몸집이 줄어들더니 어느 날 감쪽같이 보이질 않게 되었다. 마치 누가 집어가기라도 한 듯 사라졌기에 호들갑을 떨며 경비원에게 물어보았다. 아저씨는 얼굴에 웃음을 띠고 이런 대답을 들려주었다.

만화영화 ≪은하철도 999≫의 주인공 철이가 엄마를 찾아 우주로 기차여행을 떠나듯이 확 없어졌노라고…….

바로 그것이다. 내가 눈사람을 유난히 좋아하는 이유는 그 장렬한 최후 때문이다.

얼음이 녹으면 물이 되지만 눈사람은 녹아내리기보다는 곧장 바람결에 날아가 버린다. 그걸 화학용어로 승화(昇華)라고 한다. 고체가 액체의 과정을 거치지 않고 직접 기체로 변하는 현상을 뜻하며 그 대표적인 예가 드라이아이스와 좀약으로 쓰이는 나프탈렌이다.

그리고 승화란 용어는 정신분석에서도 사용된다. 프로이트는 자아의 방어기전을 설명하면서 본능의 힘 특히 성적, 공격적 에너지를 개인적으로나 사회적으로 유용하게 돌려쓰는 기제를 승화라고 불렀다. 예를 들어 대변으로 장난을 치고 싶어 하는 유아기의 항문기적 충동을 진흙을 빚는 예술로 바꾼다거나 성적충동을 체육활동으로 대체시키는 경우이다. 자신이 겪은 슬픔을 음악으로 표현하는 작곡가나 불행을 극복하고 소설을 써낸 작가 등을 종종 고난을 승화시킨 사람이라 일컫곤 한다.

프랑스의 시인 가스통 바슐라르가 7개월짜리 딸을 남기고 세상을 떠난 아내를 그리워하면서도 5개월 만에 철학학사 학위를 취득한 것도, 스승의 아내를 연모한 브람스가 처연하리만큼 아름다운 선율을 작곡한 것도 승화의 한 예일 것이다. 주로 예술가들에게 강력하게 작용하는 이 승화는 능률적이며 창조적인 방어기제인 한편 인간의 숭고함을 단적으로 드러내 보이는 힘이다. 그러고 보니 영어로 승화(sublimation)와 숭고함(the sublime)이 같은 어원이 아니겠는지…….

사실 눈사람이 질펀하게 녹지 않고 바람 속으로 승화되는 화학작용은 눈사람 스스로의 노력은 아닐 것이다. 하지만 사람들이 험난한 세상을 살면서 역경에 굴복하거나 좌절해버리고 불행을 핑계로 생을 망쳐버리기가 십상인 걸 돌아 볼 때 눈사람의 승화에서 어떤 일깨움을 얻는다.

그래! 아무리 힘이 들어도 흐트러지거나 망가지지 말고 본연의 모습을 간직하며 살아야지. 비단 역경이나 고난 뿐 아니라 운명적으로 피할 수 없는 축복 같은 사랑이 찾아온다면 승화된 사랑을 하겠노라 꿈꾸는 나는 오늘도 내안에 눈사람을 간직하고 있다.

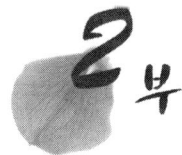

펭귄의사
내가 기다리는 환자
애인 있어요
플라톤 시대의 세 가지 성별
반 쪼가리 의사 반 쪼가리 환자
유리창은 누가 깨었나?
향초
두 줄기 눈물
살려주세요
부여 쥔 두 손

펭귄의사

　광활한 빙원에서 뒤뚱거리며 떼 지어 다니는 펭귄이 귀엽기 짝이 없다. 새까만 등짝과 하얀 가슴의 대비는 세상에서 흑백 논리를 제일 잘 안다는 듯한 그의 도도한 표정과 잘 어울린다. 빨간 부리와 발갈퀴로 먹이를 찾아다니는 몸짓이 남극이라 해도 추워 보이지 않고 여유롭게 보인다. 어릿광대를 보듯 절로 미소 짓게 하는 예쁜 동물이다.
　펭귄이 나오는 화면을 유심히 보다가 저들은 왜 날지 않을까 궁금해졌다. 우리가 부러워하는 새의 특징은 날아다니는 자유로움인데 연미복처럼 늘어진 날개가 거추장스러운 듯 균형 잡기에 급급한 그들의 모습이 딱하게 느껴졌다. 언젠가부터 분만 본연의 의무를 외면한 우리들 산부인과 의사와 같아보였기 때문이다.

전공의 4년 동안 얼마나 많은 밤을 산모와 함께 진통을 겪으며 지새웠던가. 비몽사몽 눈 비비며 아침을 맞던 날들은 피곤함의 극치였다. '응애' 하고 첫 호흡을 터뜨리는 신생아가 두 손에서 꿈틀대며 전해주던 생명의 경이로움만이 고단함을 씻어주곤 했다. 도대체 아가들은 왜 밤에 태어나서 우리들을 힘들게 하느냐고 물어보면 "그야 밤에 주로 만들어지니까 그렇지."하고 대수롭지 않게 말하던 선배의 짓궂은 표정도 잊히지 않는다. 그렇게 힘들게 배운 의술이건만 날지 않는 펭귄처럼 나는 분만의 소명을 저버리고 말았다.

 마지막으로 아기를 받았던 게 언제였던가?

 오래전 서울의 동쪽 외곽에다 산부인과를 차렸다. 꿈꿔왔던 대로 진료비 대신 고구마를 삶아오는 순박한 환자들이 사는 동네였고 병원이 집과 가까워서 밤낮을 가리지 않고 산모를 돌볼 수 있었다. 그곳에서 5년 동안 얼추 500명의 아가가 내손을 거쳤으리라. 우렁찬 신생아 울음소리가 귓전을 흔들던 평화로운 날들이었다. 하지만 신은 그 누구의 평화도 원치 않는다고 하더니 불현듯 힘든 시간이 찾아왔다. 나쁜 일은 결코 혼자 오지 않는다는 마불단행魔不單行을 절실히 깨닫게 된 계기였다.

 첫 번째 환자는 임신 7개월에 뱃속에서 아기가 죽은 산모였다. 이런 경우는 위험 요소를 내포하기 때문에 대학병원을 권했지만 그녀는 내게 수술해달라고 간청했다. 그걸 거절하지 못하고 오지랖 넓게 손을 댔던 것이 잘못이었다. 수술 후 패혈증으로 번져 대학병원에서 자궁적출술을 받고야 말았다. 영양상태가 좋지 않았던 환자라 쉽사리 감염이 찾아들었을 것이다.

나의 경솔함을 자책하며 그녀의 문병을 다녀오는 길이었다. 양수가 터져 입원한 산모가 있으니 빨리 오라는 연락을 받았다. 위로 딸이 둘 있어서 아들을 고대하던 경찰관의 아내였다. 부리나케 병원에 돌아와 산모를 내진한 순간 경악하고 말았다. 내손에 만져진 것은 탯줄이었다. 자궁 문이 열리지 않은 상태에서 탯줄만 흘러나온 제대탈출臍帶脫出을 어찌 해결할 것인가. 어쨌든 빨리 아기를 꺼내야하므로 제왕절개수술이 급했다. 하지만 마취과 의사를 기다릴 여유가 없었다. 119를 불러 대학병원에 당도했다. 10분이 채 안되었건만 태아의 심장은 멈추어 버렸다. 탯줄을 통해 엄마와 혈류가 통하지 못한 그 몇 분을 아기는 견뎌내지 못한 것이었다.

보호자는 경찰이란 직업에 어울리지 않게 대학병원의 집기를 집어 던지며 아들을 잃은 원통함을 표출했다. 그리고 우리 병원을 상대로 형사소송을 걸었다. 제대탈출은 흔하지는 않지만 양수가 미리 터질 때 생기는 대표적인 합병증이다. 나로서는 최선을 다했단 생각에 그의 거센 항의가 두렵지 않았다.

두려움은 다음 환자로부터 왔다. 그녀는 첫아이도 우리병원에서 낳은 온순하고 가녀린 산모였다. 입원해서 진통을 잘 견디고 분만대로 옮겼을 때까지 아무런 문제가 없었다. 그러나 태아는 출산 직후 첫울음을 울지 않았다. 방금 전까지 잘 들리던 심박동이 멈추어 버린 것이다. 나로선 딱히 잘못한 것이 없는데도 죽은 아이를 받고 보니 망연자실할 수밖에 없었다. 착한 산모는 울기만 했고 그녀의 남편은 조용히 병원비를 계산했다 그리고 아기의 할머니와 할아버지가 병원으로 달려왔다. 한 분은 삽을 또 다른 분은 곡괭이를 들고 있었다. 낯선 연장에 흠칫하는 내게 말하였다.

"임신을 하면 구들장도 건들지 않는 벱이여. 얼마전에 집안 공사를 한다고 죄다 헤쳐 놓으니 삼신할미가 노하신 게지. 아무 말 필요 없어. 조상님 곁에 묻을 테니 죽은 애기나 내주어……."

나는 두 다리가 꺾여 덥석 땅에 주저앉아야 했다. 가져 온 곡괭이로 병원을 부수었다면 차라리 마음이 편해졌으리라. 인간에게 잘잘못을 묻기보다 운명이라 여겨 덮으려는 어르신들의 마음 씀은 결코 쉬운 결정이 아니었을 것이다.

그 날로 나는 병원 문을 닫아 버렸다. 불가항력이라 해도 내가 아니었다면 아기가 죽지 않았을 거란 자괴감을 떨칠 수 없었다. 또 소규모로, 응급사항에 대처할 수도 없이 안일하게 병원을 꾸려나가는 무책임함을 변명하고 싶지 않았다.

그리스 신화에도 출산에 대한 이야기가 나온다. 헤라클레스의 어머니 알크메네는 엄청난 산고를 겪은 여인으로 유명하다. 제우스의 외도로 헤라클레스가 생겼을 때 제우스의 아내 헤라가 시기를 했다. 즉 해산과 운명의 여신들을 시켜 그의 출생을 방해하도록 지시했다. 그래서 여신들이 팔짱을 끼고 지켜 섰기 때문에 산모는 지독한 진통에 시달리고 있었다. 이를 딱하게 여긴 족제비가 일부러 발등을 스치며 지나가자 화들짝 놀란 여신들이 엉겁결에 팔짱을 푸는 사이 헤라클레스가 탄생했다는 것이다.

이처럼 신들이 출산 과정에 영향력을 행사한다는 신화만 봐도 산부인과 의사들은 운명적 요소와 맞선다는 것을 알 수 있다.

다시 개원을 했을 때에는 분만을 받을 엄두를 더는 내지 못했다. 이제 분만은 대형화된 병원에서 여러 의사가 동업할 때여야만 가능한 일이 되었다. 힘들게 배웠건만 환희와 기쁨이 담긴 출산을 포기한 채 날지 못하는 새처럼 근근이 산부인과를 꾸려 나가고 있다. 분만을 배제한 산부인과에선 대안으로 비만이나 미용분야로 눈을 돌렸다. 하지만 수련과정 때 미처 배우지 못한 진료를 하는 데엔 그만큼의 갈등과 수고가 따르기 마련이다. 산부인과 의사들은 분만 없이도 의사의 위상을 잃지 않으려고 각고의 노력을 하고 있다. 명칭을 '여성학과'로 바꿔 부른다거나 날로 고령화되는 사회에 걸맞게 '노인 부인과'를 만드는 등 진료영역을 넓히려는 시도를 하고 있다.

펭귄은 구태여 날지 않아도 지천에 깔린 먹이를 구할 수 있다. 날지 않는 펭귄의 불룩한 배가 풍요로워 보이듯이 분만을 받지 않는 산부인과 의사도 행복하다 말할 수 있으면 좋겠다.

내가 기다리는 환자

 환자는 병원을 고르거나 의사를 바꿀 수 있지만 의사에겐 환자를 선택할 자유가 없다. 우리가 세상에 태어날 때 부모를 정하지 못하는 것처럼 찾아오는 환자는 무조건 맞이해야 한다. 만일 의사에게도 환자를 고를 권한이 주어진다면 어떨까?
 "내 능력으로는 당신을 못 고치겠으니 더는 오지 마시오." 어느 정신과 개업의는 이런 말을 하다가 결국 병원 문을 닫았단다. 이렇게 진료거부를 하면 히포크라테스 선서를 어기는 꼴이므로 의사의 자격이 없어질 뿐더러 망하는 지름길이 되는가 보다.
 진료실에 앉아 나는 어떤 환자가 찾아오길 바라는지 곰곰이 생각해 본다. 인사를 잘 하고 나를 추켜 세워주거나 깊은 신뢰를 표현하는 그런 이들을 기다리는 것일까? 아니다. 일상이 너무 무료해 다소 독특한 환자를 기대하는지 모른다.

자연 유산이 되어 발걸음마다 피를 뚝뚝 흘리며 배를 움켜쥐고 찾아왔던 산모가 내 처치로 삽시간에 완쾌될 때 한 없이 기쁘다. 그처럼 극적인 상황에 큰 보람을 느끼며 우쭐해진다. 가장 활기가 솟을 땐 교과서에 한 줄 밖에 소개되지 않는 희귀한 환자를 발견했을 때이다. 그럴 땐 흥분에 싸여 멀리 있는 동료에게까지 전화를 걸어 진료 내용을 떠벌이곤 한다. 내 실력을 유감없이 발휘할 만큼 심하게 아픈 환자도 좋고, 내 애정을 담뿍 덜어줄 수 있는 곤궁한 처지의 환자도 좋다. 외국인 이주자라던가 트랜스젠더, 장애인 등 소외된 '타자(他者, l'autre)'에게 더 많은 관심이 가는 걸 어쩔 수 없다. 치료자에겐 환자가 예쁘다거나, 착하다거나, 풍요롭다거나, 공부를 잘 했다거나, 지위가 높다거나, 성취감이 높다는 등의 조건은 하나도 중요하지 않다. 세상 잣대와는 상관없이 더 많이 아플수록 더 많은 대접을 받는 진료실은 세속과 동떨어진 '회색세계'인 것이다.

그렇다면 나는 어떤 환자가 싫은 것일까? 돈이 없어 남루한 사람? 씻지 않아 더러운 이? 돈이 많거나 적거나 간에 인색한 사람? 병이 쉽게 낫지 않는 중환자? 내 말을 따르지 않아 치료가 되지 않는 난치환자? 아니면 나보다 월등히 높은 신분을 자랑하는 잘난 사람?

이른 아침부터 술에 취해오거나 언니란 호칭이 입에 붙어

나를 언니라고 부르는 환자들은 오히려 귀엽다. 그보단 두 눈에 불신의 빛을 가득 담은 사람이 그 어떤 치료로도 좋아지지 않으리란 절망감을 느끼게 할 때 나는 이내 좌절하고 마는 것이다. 몸이 아프다는 근심 속에 푹 빠져서 자기 말만 하는 사람, 서로 마주보고 있으면서도 상대의 말엔 귀 기울이지 않는 이에게 어떻게 마음을 기울이란 말인가?

내가 초보의사였을 때에는 환자에게 설명하는 일이 가장 어렵고 두려웠다. 당직이나 수술은 얼마든지 감내할 수 있어도 환자와 대화를 나누는 일, 그중에서도 보호자를 만나는 시간은 몹시 꺼려졌다. 내 의학지식을 그들이 잘 이해하지 못하는 것이었다. 두 눈에 '이렇게 어린 의사가 어떻게 병을 고친담.'하는 듯 무시하는 눈빛으로 내려다보기 때문에 위축되곤 했다. 돌이켜보면 그 땐 내가 상대를 이해하고자 하지 않았기 때문에 그들에게도 이해를 받지 못했을 것이다.

개원 초엔 좋은 환자와 싫은 환자를 열심히 분별했다. 아주 작은 일에 말꼬투리를 잡는 이들이 무서웠기 때문이었다. 다시 보고 싶지 않은 환자의 차트에다 하트를 그려두곤 했는데 그건 말이 많다는 뜻의 입술을 하트모양으로 상징한 것이었다. 차트에 하트가 달린 환자는 더 신경을 써 주거나 아예 사무적인 태도로 대함으로써 말문을 원천봉쇄하곤 했던 것이다.

반면에 만날 때마다 기분 좋은 사람은 따로 있다. 첫눈에 남들과 확연히 달랐던 환자의 이야기를 하고 싶다. 머리는 희끗희끗하고 이마에 골 깊은 주름이 패여 있어도 동그란 얼굴에서 환한 빛이 나는 아주머니였다. 미소 가득한 그 얼굴은 볼 때마다 반가움을 불러일으켰다. 가벼운 염증이나 갱년기 호르몬제 처방을 받으러 내원했지만 마치 내게 좋은 기운을 전해주러 온다고 느낄 만큼 그 분의 방문이 좋았다. 한 2년 쯤 지난 후일까? 어느 날 기어코 내가 물어보았다.

"아주머니에겐 근심이라곤 조금도 없지요?"

그 얼굴이 주는 평화로움의 비결이 궁금하기 짝이 없어 절로 나온 질문이었다. 그분은 크게 웃으며 손사래를 쳤다. 남의 속 모르는 소리는 하지 말라며.

신혼 때 공무원인 남편을 따라 외진 시골로 내려갔단다. 건강한 아들을 낳았는데 아이가 네 살 되던 겨울날 심한 열병에 걸리고 말았단다. 가까이에 병원이 없어 이불로 꽁꽁 싸매주었더니 아이는 밤새 경기를 일으켰다는데 그때 머리가 상한 아이는 지능이 정지되어 37세의 청년이 되었어도 네 살 박이의 삶을 산다는 것이다.

"선생님께도 보여드리고 싶네요. 얼마나 훤칠하게 잘 생겼는지."

체격이 크고 인물도 좋지만 무엇보다도 사랑스러운 건 결코 때 묻지 않은 아들의 마음씨란다. 치료를 해보려고, 교육을 시켜보려고 갖은 노력을 쏟아 붓느라 아주머니는 인생 공부를 너무 많이 했기 때문에 삶에 초탈해졌다고 했다. 다만 자신이 죽고 난 후에 아들이 어떻게 살아갈지 걱정이라며 한숨을 내비쳤다.

    사연을 듣고 보니 물어 본 내가 미안해졌다. 사람을 성숙하게 만드는 건 시련이란 생각이 들었다. 세상에 아프지 않은 이가 어디 있으랴. 이 회색세계에서 내가 기다리는 환자는 아픔을 가졌으되 그 아픔을 껴안고 활짝 웃는 이일 것이다.

애인 있어요

 진료를 하다보면 간혹 과도한 검사를 원하는 환자를 만날 때가 있다. 아무런 증상이 없고 진찰로도 이상한 점을 찾을 수 없는데 자꾸 성병 검사를 해달라는 사람이다. 오늘 온 아가씨도 성병에 대한 모든 검사를 받겠다고 한다. 불과 두 달 전에 매독과 에이즈를 비롯한 열 댓가지 성병 유전자 검사에서 모두 음성 판정을 받았건만 다시 해 달라고 조르는 것이다. 그렇잖아도 매스컴에선 의사들이 과잉 진료를 한다고 가뜩이나 원성이 자자한데 이상 소견도 없이 값비싼 성병 검사를 한다는 건 내키지 않는 일이다. 나중에 불편한 증상이 생겼을 때 검사받는 것이 어떻겠냐고 권하니 그녀는 기어들어가는 소리로 말한다.
 "제가 일을 하는데 애인이 있어서 그래요."
 그제야 나는 감을 잡는다. 그녀가 하는 말은 이런 뜻이다.

직업여성인 자신은 어쩔 수 없이 여러 남자를 상대하게 되는데 사랑하는 사람이 따로 있기 때문에 혹시 그 애인에게 병을 옮겨주게 되면 어쩌나 걱정이 된다는 이야기.

두 눈을 아래로 깔고 시선을 피하며 웅얼거리는 그녀를 보고 나는 군말 없이 검사를 한다. 어쩐지 가슴이 찡하다. 스스로 밝히지 않으면 외견으론 절대로 알 수 없는 그녀의 진실 앞에 가슴이 답답해진다. 누군들 그런 직업을 좋아서 선택했으랴. 이른 아침 이슬 맺힌 거미줄에 매달린 포획물처럼 이 사회가 촘촘히 엮어 놓은 함정 속에 그녀도 본의 아니게 빠지게 된 것이겠지.

내 병이 남에게 옮겨질까 염려하는 마음이야 누구라도 가질 것이다. 예를 들어 방사능 물질을 취급하는 직종에서 일하는 가장은 가족에게 방사능이 피폭될까봐 퇴근할 때마다 단단히 복장을 단속할 것이고 또 식구 가운데 결핵이나 간염이 있는 경우 식탁에 함께 앉지 않도록 애쓰는 그런 상황은 흔하다. 과거엔 나병환자들이 격리되기 위해 애달픈 이별을 하는 일도 많았으니까. 그런데 이 아가씨의 경우는 무언가 더 애틋함이 느껴진다. 윤락업소에서 일을 한다니 어쩔 수 없이 여러 남자를 상대해야 할 테고 그러다보면 사랑하는 사람에게 미안한 감정이 생기기 마련일 것이다. 애인이라 부르는 걸 보면 자신보다 더 많이 그를 사랑한단 의미가 담긴 것이리라. 그런 애인을 위해 자신을 온통 바쳐도 부족할 텐데 그 모르게 다른 이와

성관계를 갖으며 살아가는 삶이라면 얼마나 큰 죄책감과 자괴감을 느껴야 하는 것일까? 사랑하는 사람하고만 나눠야 할 일들을 그렇지 않은 사람과도 해야 한다는 점에서 수치심과 죄의식을 동시에 갖고 있으리라 추측할 수 있다. 게다가 애인에게 혹여 성병이라도 전염시키게 될까봐 조마조마하고 불안한 것이다.

비록 떳떳치 못한 직업을 가지고 있다 해도 애인을 보호하려는 그녀의 마음이 안쓰러워 다시 한 번 올려다보았다. 유난히 창백하고도 수심에 잠긴 그녀의 얼굴에서 문득 안톤 체호프의 단편 〈티푸스〉가 떠올랐다.

작품 속에는 젊은 중위가 등장한다. 오랜 만에 휴가를 얻어 모스크바로 가는 날이다. 그는 열차 안에서부터 시름시름 앓는다. 고열과 오한에 갈증이 나고 구역질을 느낀다. 옆 사람이 말을 시켜도 대답할 수 없을 지경이다. 그렇게 몸이 말을 듣지 않는 중에도 오직 집에 가서 만날 누이동생 생각으로 버틴다. 열여덟 살의 누이동생은 교사 자격시험을 치를 준비를 하고 있는 중이다. 집에 당도하자 누이는 오빠를 반갑게 맞는다. 그러나 그는 인사도 제대로 못 나누고 침대에 쓰러진다. 중위가 며칠간을 혼수상태에 빠졌다 깨어났을 때 놀라운 이야기를 듣게 된다. 그동안 누이동생이 죽었단 것이다. 그녀는 오빠에게서 발진티푸스가 전염되어 희생된 것이다. 중위는 "하나님, 나는 왜 이리도 불행합니까!"라며 눈물을 흘린다.

짧은 이야기이지만 누군가에게 병마를 옮긴다는 것이 얼마나 두렵고 불행한 일인지 잘 보여준다. 누이동생을 죽게 하고 살아남은 중위는 나머지 생을 어떻게 꾸려나갈 수 있을까?

  발진티푸스는 이가 옮기는 전염병이다. 나폴레옹이 러시아 원정에서 대패한 원인으로 발진티푸스를 꼽듯 전염성과 치사율이 매우 높은 병이다. 오늘날엔 살충제와 항생제 개발로 쉽게 볼 수 없는 병이 되었다. 대신 요즘엔 감염질환으로 성병이 많이 대두되고 있다. 자유롭게 전 세계 여행을 다닐 수 있게 되다보니 에이즈 같은 병도 우리나라에서 보고된다. 감염이란 무엇일까? 더불어 사는 세상에서 인간과 인간 사이에 병마가 전파되는 것은 어쩔 수 없는 현상일 것이다. 그렇다면 질병처럼 무섭고 위험한 것 말고 예술의 아름다움이나 인간 정신의 숭고함도 전염되지 않을까? 애인이 있다는 아가씨의 떨리는 속눈썹을 보며 우리의 염치나 수치심, 배려, 부끄러움 같은 감정도 널리 전염되었으면 좋겠다는 생각을 한다.

플라톤 시대의 세 가지 성별

　점심식사 후 오후 진료시간에 맞춰 병원 문을 열고 들어서니 대기실 소파에 비스듬히 누워있는 K군이 보인다. 아니다. 이젠 K양이라고 불러야 한다.

　K는 우리병원에서 호르몬제 치료를 받던 트랜스젠더이다. 일주일 전에 태국에서 성전환수술을 받고 귀국하여 곧장 병원으로 왔단다. 수술 부위가 덧났다는데 얼마나 아픈 건지 샛노란 얼굴빛에다 말조차 제대로 잇지 못한다.

　남자에서 여자로의 성전환수술은 그 반대보다 한결 수월하다지만 수술부위를 볼 때마다 놀라움을 감출 수 없다. 남성 성기를 제거한 것은 물론이고 여성의 성기 구조와 매우 흡사하게 재건하는 솜씨가 날로 발전하고 있다. 요즘은 자신의 장점막으로 질부(vagina)를 만들어 성관계시에 감각을 훨씬 좋게 한다는 것이다.

국내에서 수술 받은 환자도 더러 있지만 대다수가 태국을 선호하는데 체류 경비와 비행기 값을 더하더라도 비용이 적게 들고 또 수술 결과에 대해 만족도가 높다는 것이다. 태국이 성전환수술로 유명세를 타는 이유는 그 나라가 주변국가와 전쟁을 많이 치른 탓에 어릴 때부터 남아에게 여장을 시키는 풍습에서 기인한다고 한다. 거기에서 성별 개념이 자유로워졌고 더욱이 태국은 개인의 다양성을 인정하는 점이 우리와는 차원이 다르다는 것이다.

내가 트랜스젠더란 명칭을 처음 본 것은 15년 쯤 전에 요시모토 바나나의 소설 ≪키친≫에서였다. 남자 주인공의 아버지는 아이가 어릴 때 아내를 잃자 아이를 위해서 무엇을 해줄 수 있을까 고민하다가 어머니가 되어주기로 결심하고 성전환을 단행한다는 매우 특이하고 기묘한 이야기였다. 당시 일본만 해도 그런 소재가 베스트셀러가 될 수 있었는지 모르겠지만 우리로선 받아들이기 어려운 정서였다. 그런데 그 무렵부터 진료실을 찾아오는 트랜스젠더 환자가 현저하게 눈에 띄었다. 요즘은 호르몬 치료뿐만 아니라 호적정정을 위해 진단서를 떼러 오는 이들도 날로 늘어가고 있으므로 환자들 중에는 이들이 무시할 수 없는 비중을 차지한다.

K의 경우는 결혼을 약속한 남자가 있다고 했다. 성전환 수술비용도 그 남자가 다 대주었다는 것이다. 상처가 아무는 대

로 결혼식을 올릴 예정이라며 아픈 중에도 머쓱한 웃음을 지어 보였다. 쉽게 이해할 순 없었지만 그렇다고 축하한다는 말 외에 무슨 말을 하랴.

물론 트랜스젠더와 동성애자는 성격이 다르지만 K의 경우는 두 가지에 다 해당된다. 이들 성적 소수자에 대해 이미 2429년 전에 플라톤이 납득할만한 설명을 해주었다. 그의 저서 《향연》은 BC 416년의 일을 담고 있다. 일곱 명의 연사가 에로스에 대해 토론을 벌이는 내용이다. 그중 아리스토파네스의 이론을 보자. 오래 전에 인간의 본성은 지금과 달랐단다. 우선 성性이 셋이었다. 즉 남성과 여성만 아니라 이 둘을 함께 가진 또 하나의 성이 있어서 남녀추니라 불렀다. 당시 각 인간은 팔 다리가 각각 네 개씩이고 머리 하나에 얼굴이 두 개, 귀가 네 개 달렸으며 음부陰部도 두 개였다. 이들은 등과 옆구리가 원형을 이룬 둥근 모습으로서 곧추 서 있을 때는 두 방향 중 어느 쪽으로도 걸어 다녔지만 달리기 시작할 때는 마치 공중제비를 하는 것처럼 빙글빙글 도는데 여덟 개의 팔다리로 바닥을 디뎌가며 재빨리 굴렀다는 것이다. 그렇게 그들은 힘과 능력이 엄청났기 때문에 신들을 향해 공격하려고 했다. 그러자 진노한 제우스가 이들의 하극상을 멈추게 하기 위해 인간을 둘로 나누어 버렸다. 결과적으로 하나의 인간 본성이 두 개로 쪼개졌기 때문에 반쪽 각각은 나머지 반쪽을 그리워하면서 줄곧 만나려한다는 것이다. 특히 남자-남자, 여자-여자로 구성되었던 인간보다 남녀추니에서 쪼개진 남자와 여자들은 성적 성향이 다르다는 대목이 눈길을 끌었다. 사실 플라톤 시대에는 성인 남성과 미소년과의 동성애가 보편적이었다니 그 근거를 설명하기 위해 이런 세 가지 성별 모델을 제안했던 게 아닌가 싶다. 하지만 이 모델로서 성적 소수자들을 이해할 수 있을 것 같다.

진료실에서 만나는 트랜스젠더들은 거의가 불안정한 눈빛에다 주변을 잔뜩 경계하며 자신감이라곤 하나도 없이 위축된 모습을 보인다. 성을 바꾸려는 과정에서 가족의 거센 반대와 주위의 싸늘한 시선에 시달려왔음에 틀림없다. 조금만 캐물어 보면 병원에서 냉대 받고 거절당했던 경험담을 털어놓곤 한다.

이 세상에 나와 똑같은 사람은 아무도 없을 것이다. 서로서로 생각이 다르고 느낌이 다르고 삶의 방식이 다른 법이니까. 우리가 타인의 취향이나 선택을 존중해 준다면 그만큼 자신도 더 많이 이해받고 인정받으며 살 수 있을 것이다. K같은 이들이 불이익을 당하지 않고 행복하게 잘 살기를 바란다.

반 쪼가리 의사 반 쪼가리 환자

"글쎄 여기 좀 자세히 보라니까요."

일주일 전 이마에 보톡스 주사를 놔주었던 환자다. 그녀는 나를 잡아먹을 듯이 노려본다. 기재된 주민등록번호로는 내게 딸내미 연배이건만 내게 호령하는 솜씨는 시어머니를 능가한다. 그녀의 얼굴을 자세히 보았지만 내 눈엔 이상한 점이 띄지 않는다. 젊고 싱싱한 아름다운 외모에 반짝반짝 빛나는 피부가 눈부시다. 직업이 모델이라는 그녀는 전에도 다른 병원에서 수차례 보톡스 시술을 받았단다. 하지만 이번만큼 결과가 불만족스러운 적은 없었다는 것이다.

"눈꼬리가 사납게 치켜 올라간 게 살쾡이 같단 말예요."

앙칼지게 쏘아붙이는 그녀 앞에 나는 변명할 말을 찾지 못한다. 내가 대꾸를 안 하니까 그녀는 더욱 약이 오르나보다.

보톡스 시술에 손을 댄지도 어언 5년이 넘었다. 새삼스럽게 미용에 관련된 진료까지 한다는 게 선뜻 내키지 않았다. 결정하지 못하고 미적거리는 내게 제약회사 영업사원은 마치 도끼로 나무를 찍듯 여러 차례 권했다. 산부인과에 오는 이들은 모두 여성이므로 이왕이면 미용시술까지 하면 환자들이 무척 편리할 것이란 설득이었다. 다른 산부인과에선 모두 진즉부터 사용했다며……. 그러나 정작 보톡스를 취급하게 된 이유는 제약회사 홍보 때문이 아니라 다른 데에 있었다.

그 당시 어느 수필잡지의 편집위원을 맡고 있었는데 내 임무는 좋은 원고를 받아오는 것이었다. 다달이 원고를 청탁하는 게 쉬운 일이 아니라 매번 전전긍긍해야 했다. 한 번은 노교수의 원고를 넘겨받는 날이었는데 그 분은 찻집에서 만나 30분 가량 내 눈앞에서 자신의 글을 고치고 또 고쳤다. 그러더니 급기야는 참고문헌을 다시 찾아봐야겠다고 도로 가져가 버렸다. 원고는 다음날 건네주었지만 그때의 교수님 모습이 몹시 인상적이었다. 거의 충격에 가까웠다. 내 생각에 학문적으로 상당한 위업을 이룬 그런 분이라면 대강 끄적거려도 대단한 작품이 완성될 것 같은데 마지막 순간까지 퇴고를 하고 또 하는 게 아닌가? 그때 나도 안일하게 아는 것만 진료할 게 아니라 내 할 수 있는 한 최선을 다해야 한다는 생각이 들었다. 그래서 보톡스 주사제를 잔뜩 구입하였다.

그리고 시술에 대한 두려움을 없애기 위해 구순을 맞은 친정어머니를 비롯하여 주름 많은 주변 사람들에게 무료시술을 해주다가 마침내는 내 얼굴에 스스로 주사할 정도로 능숙해졌다. 휴일에는 미용학회에 등록해 최신 지견을 배우고 유명 의사의 숙련된 솜씨가 담긴 동영상을 얻어다 보고 또 미적 감각을 높이기 위해 미술관 관람도 다니는 등 나름대론 애를 많이 썼던 것이다.

보톡스처럼 신기한 약물도 드물다. 그것은 통조림이나 상한 고기에서 발생하는 세균 클로스트리움 보툴리눔(Clostridium Botulinum)의 독소로 만들어졌다. 보툴루스(botulus)의 어원은 라틴어로 소시지에서 연유했단다. 이 독소는 근육과 말단신경 전달체계에 작용하여 신경물질 아세틸콜린의 분비를 억제한다. 그 결과 일시적으로 근육의 마비와 이완 작용을 나타내는데 이 효과를 응용한 제품이 보톡스다. 만일 혈관이나 근육에다 주입하면 치사제가 되는 위험한 독소이지만 극소량만 응용하여 다양하게 미용 또는 치료 효과를 얻는 것이다. 대표적인 치료는 사시나 사경, 안검 떨림 등의 질병이지만 미용 목적으로 더 널리 쓰이고 있다. 미세한 주름을 다림질하듯 좍좍 펴지게 하는 효과도 놀랍고 사각턱으로 각진 얼굴이 달걀처럼 갸름하게 되는 변화도 극적이다. 물론 5-6개월이면 약효가 없어지므로 다시 투여해야 하는 불편함이 있지만 어쩌면 영구적이지 않다는 게 더 큰 매력인지도 모른다.

지금 내 눈 앞에서 불만을 토로하는 환자도 한 달 안에 그

불만이 사라질 것이 틀림없다. 그런데도 그녀는 본래 양처럼 온순했던 얼굴이 나 때문에 야수처럼 변모한 사실을 인정하라고 다그친다. 들고 있던 손거울로 삿대질을 하기에 이른다. 한때는 두 눈을 감고 내게 온전히 얼굴을 맡겼던 그녀, 대체 그때의 믿음은 어디로 갔단 말인가?

그녀에 의하면 나는 무식한 돌팔이란다. 지난번에 시술받았던 성형외과에선 보톡스란 인상을 변하게 만들기 때문에 각별히 조심해야 한다며 어머니가 비단에다 수를 놓듯 한 땀 한 땀 아주 소량을 놔주었는데 나의 주사바늘은 재봉틀처럼 과격하게 이마 위를 질주하더란 것이다. 아플까봐 시간을 끌지 않고 재빨리 놔준 나의 속내도 알아주지 않은 채 그녀는 계속 닦달한다.

"어쩔 거예요?, 어떻게 책임질래요?"

언제나 감사합니다. 수고하셨습니다와 같은 깍듯한 인사에만 젖어있던 내가 거센 항의 앞에 말문을 잃은 것이 딱했던지 곁에 있던 간호사가 참다못해 말을 거든다. 우리 병원에선 좋은 원료의 제품을 아낌없이 많이 투여했기 때문에 극대 효과가 나타난 거라고. 그런 변명으로 무마하기엔 아가씨의 태도는 곧 터질 풍선처럼 위태롭기만 보인다.

내 묵묵부답 앞에 때를 놓치지 않고 상대는 공격한다.

"시술비를 당장 돌려주세요."

그랬구나. 자분자분 이야기해도 얼마든지 알아들었을 텐데 다짜고짜 진료실에 들어와 심하게 나를 몰아세우는 이유가 돈을 돌려받으려는 목적이었구나. 안 그러면 손거울로 한 대 때릴 태세이므로 나는 얼른 고개를 주억거린다. 미안하다고, 일부러 그런 게 아니라고, 덕분에 좋은 경험이 되었다며 접수대에서 환불해가라고 간신히 말을 잇는다.

이렇게까지 양보했으면 내 마음이 변하기 전에 돈이나 받아갈 것이지 그녀는 내 책상 위의 책을 집어던지며 남은 악다구니를 마저 퍼붓는다.

"내 그럴 줄 알았어. 무슨 의사가 맨날 소설만 읽는대?"

그녀의 손에서 내팽개쳐진 나의 불쌍한 책은 이탈로 칼비노의 ≪반쪼가리 자작≫이다.

이 또한 우연일까? 거기에도 진료는 뒷전인 채 도깨비불만 연구하는 의사 트렐로니가 나온다. 그래, 그녀에게 내가 실력 없는 반쪼가리 의사라면 그녀는 의사의 의욕을 앗아가는 반쪼가리 환자이다.

유리창은 누가 깨었나?

 한 시간째 책장이 넘어가질 않는다. 머릿속에 개미가 들어 간다 해도 이보다 더 와글거릴 것 같진 않다. 이럴 땐 차라리 텔레비전을 보는 것이 낫겠다 싶어 재미없는 책을 덮었다. 일요일 오후엔 내가 좋아하는 퀴즈 프로가 방영된다. 고등학생들의 영리함과 발랄함에서 희망과 미래가 느껴져 언제나 기분이 좋아지는 프로그램이다.
 나이가 들면 지혜가 더해진다는데 지식은 그와 반비례라도 하는지 답을 모르는 문제가 나날이 늘고 있다. 이번에도 역시 모르는 문제가 흘러 나왔다.
 "100에서 1을 빼면 99가 아니라 0이라는 것은 사소한 실수가 전체를 무너지게 하기 때문입니다. 마찬가지로 작은 무질서를 방치하면 큰 범죄를 초래한다는 이 이론은 미국의 범죄학자가 주장했습니다. 무엇일까요?"

무엇일까?

듣도 보도 못한 문제인데 최후의 일인자로 남은 2학년 학생이 정답을 맞힌다.

'깨진 유리창의 이론'

내 입에선 저절로 탄성이 튀어 나왔다. "맞어, 바로 저거야."

어제였다. 환자와 보호자가 진료실을 찾아와 실랑이를 벌였다. 2년 반이 넘게 우리병원을 다니던 젊은 아가씨였는데 3주 전에 임신이 되어 찾아 왔었다. 소변검사로는 임신 양성 반응이었으나 초음파로 정확하게 임신낭이 보이지 않아 자연유산이 된 줄 알고 소파수술을 했다. 수술 2주 후 배가 많이 아프다고 하기에 혈액검사를 했다. 결과는 자궁외 임신 같았다. 이병은 초기 진단이 힘들어 산부인과 의사들이 자칫 빠질 수 있는 함정이므로 언제나 조심해도 지나치지 않는 것이다.

환자는 다른 병원에 가서 자궁외 임신 중에서도 가장 희귀한 자궁각 임신(Cornual pregnancy)임을 알게 되었고 곧바로 복강경 수술을 받았다고 했다.

자궁외 임신의 빈도는 전체 임신 중의 1/100이고, 자궁각이란 좁은 코너에 임신될 확률은 그중 1/100이므로 이 환자는 만분의 일 확률에 해당하는 경우였다.

재수술을 받고 4일 만에 진료실을 찾아왔다. 자궁각 임신은 발견이 어려운 만큼 그 예후가 나빠서 사망사고로 이어지는 사례가 많은 걸 알기에 건강한 모습으로 온 그녀가 일단 반가웠다.

"○○씨 괜찮아요?" 덥석 그녀의 손을 잡고 상태를 묻는 내게 유순하고 착한 환자는 눈을 내리깔며 들릴 듯 말듯 "네"라 답했다. 그러나 곁에 서있던 남자가 "괜찮을 리가 있어? 죽을 뻔 했지." 하며 그녀의 말문을 막았다.

그리고는 내게 왜 처음부터 자궁각 임신인 걸 진단 못했냐면서 "대학은 어딜 나온 거냐? 강남에서 계속 의사를 하고 싶으냐? 돈을 물어줘야 할 텐데 남편은 무슨 일을 하느냐? 요즘 성형외과에서 분란이 생기면 얼마나 거액의 액수로 보상을 하는지 아느냐?"고 따지더니 앞으로 보상액수에 대한 흥정이 남았으므로 월요일에 다시 오겠다며 돌아갔다.

집으로 돌아온 나는 자궁각 임신처럼 어려운 질병과 마주친 불운과 왜 더 신중하게 진료하지 못했나 하는 회한으로 끙끙 앓던 중에 '깨진 유리창의 이론'을 보고 정신이 번쩍 들은 것이다.

범죄 연구학자가 자동차 두 대의 보닛을 열어둔 채 으슥한 골목길에 세워두었는데 한 대는 유리창을 조금 깨뜨려 놓았다. 1주일 후 두 자동차 사이엔 엄청난 차이가 생겼다. 유리창이 온전한 차는 그대로 있었지만, 다른 차는 단지 유리창만 깨져 있었을 뿐인데 배터리도 가져가고 타이어도 빼가고 낙서와 파괴가 더해져 고철덩어리로 변했다. 사람들은 깨진 유리창에서 범죄에 대한 심리적 허용을 느낀다는 것이었다.

뉴욕의 지하철은 낙서투성이로서 1980년대에 범죄 발생률이 높은 것으로 유명했다. 하지만 뉴욕시에서 이 이론에 착안하여 낙서를 깨끗이 지운 다음에는 범죄가 75%가량 줄어들었다는 놀라운 보고가 있었다.

내 환자의 보호자는 의료계에서 깨진 유리창 틈새를 발견했나 보다. 어느 성형외과에서 왜 거액의 보상금을 물어주었는지 모르지만 언제부터 환자가 의사에게 보상이란 말과 돈을 거론하게 되었는지 서글픈 생각이 들었다. 의사와 환자의 관계처럼 신뢰를 바탕으로 하는 인간관계가 달리 또 있던가.

월요일에 다시 찾아온 그에게 말했다. 먼저 이번 일은 의료 사고가 아니라는 점, 미리 알았다고 해도 결과가 변할 게 없다는 점을 설명하고 진단이 늦어진 것에 대한 도의적 책임으로 사회 통념상 인정하는 범위 내에서 그에 대한 위자료를 주겠다고 했다. 하지만 거듭 과실이라고 주장한다면 법의 심판을 받겠다고 조용히 말했다. 상대는 그 정도로는 만족할 수 없다며 두고 보자는 말을 남기고 갔다.

3주후 변호사 사무실이라면서 전화가 왔다. 그들이 의뢰를 해왔으나 법적 문제가 될 만한 사안이 아니므로 서로 합의를 하면 어떻겠냐고 했다.

나는 그녀의 조용하고 온순한 눈망울이 항상 마음에 걸렸던 터라 선뜻 응했다. 변호사 사무실의 사무장의 말로는 상대가 원하는 액수가 3천만 원이라고 했다. 불임과 같은 장애나 후유증을 남긴 것이 아니라 단지 진단만 2주 늦어진 책임을 묻는 보상액이 그랬다. 중재하는 그도 어이가 없었던지 더 설득을 해보겠다기에 그러라 했다. 새롭게 제시한 금액은 1/6로 내려갔다. 2주 동안 일하지 못하고 고생한 금액이라는 것이었다. 그렇다면 납세증명원처럼 보상액수를 산정할 만한 근거가 있느냐고 물었으나 없다고 했다.

나는 다시 '깨진 유리창' 생각이 났다.

만일 그 돈을 내어준다면 일이 쉽게 마무리 지어지겠지만 그러고 싶지 않았다. 의사들이 과실이 있거나 없거나 간에 저마다 성가시다는 이유로, 마음고생하고 시달리기 싫어서, 적당히 환자에게 돈을 내어 준다면 사회정의는 어디서 어떻게 구현될 것인가?

따르지 않겠단 내 말에 사무장은 만일 법정까지 간다면 재판비와 변호사비 포함하여 그보다 훨씬 많은 비용이 들어갈 것이라며 현명하게 결정하라고 조언을 해주었다.

곰곰이 생각해 보았으나 중요한 건 돈의 액수가 아니었다. 이 사건은 비단 나 혼자만의 일이 아닌 사회 문제로서 옳지 않은 선례를 남기고 싶지 않아 그의 말을 부드럽게 거절했다. 그 순간 나는 마치 깨진 유리창을 봉창하는 창호지라도 된 것 같았다.

성경의 고린도전서에도 "송사하지 말라."는 구절이 나오지만 돈이면 다 해결 된다는 사회풍조에 의사들이 그 선두에 서지 않기를 바라며, 혹시라도 더 힘든 일을 겪는다 해도 결코 후회하지 않으리라.

향초

 그녀가 일러준 대로 그릇에 물을 담아 초를 둥둥 띄우고 불을 붙였다. 수선화 꽃잎 모양의 향초는 보랏빛 블루베리 향을 뿜으며 검은 밤을 향기롭게 밝혀주었다. 문득 신석정 시인의 〈아직은 촛불을 켤 때가 아닙니다〉의 마지막 구절이 떠올랐다.

 어머니 아직 촛불을 켜지 말으셔요.
 인제야 저 숲 너머 하늘에 작은 별이 하나 나오지 않았습니까?

 그녀가 진료실에 다시 모습을 보인 것은 거의 6개월만이었다.
 "이런 걸 좋아하실지 모르겠어요..."
 가방 속에서 주저주저하며 꺼낸 선물이 바로 향초였다.

"아니 세상에 촛불 싫어하는 사람도 있나요?" 내가 되물으니 어린아이들에게 위험한 초를 뭣땜에 만드느냐고 향초 만들기를 도외시하던 친구들을 보았다면서

"선생님이라면 꼭 좋아하실 줄 알았어요."하고 수줍은 미소를 보인다.

지난겨울 신체검사를 받다가 우연히 종격동 종양(mediasternal tumor)이란 낯선 병명을 진단받고 깜짝 놀라 나를 찾아왔던 환자이다. 그때 우리는 내과 원서를 펼쳐 놓고 함께 공부를 했다. 그리고도 끝내 모르는 점은 병리학교수인 오빠에게 전화를 걸어 자문을 구했던 것이다.

종격동이란 폐와 폐 사이의 공간으로 심장이 들어있는 곳이다. 거기에 생기는 대표적인 종양은 흉선암(Thymoma)이고 그 밖에도 임파선암이나 갑상선암, 기형종 등등이 있다.

반 년 만에 나타난 그녀는 다소 야위었어도 건강하고 씩씩해 보였다. 예상대로 흉선에서 발생한 종양이었는데 폐와 심막, 기관지 및 관상동맥까지 널리 퍼져 있어서 그 많은 조직들을 제거하느라 수술시간이 무려 9시간이나 소요되었단다. 그래도 그만하기가 다행이라며 도리어 나를 안심시킨다.

그녀를 처음 만난 건 11년 전 개업 초기이다. 당시 그녀는 과학재단의 연구원이었는데 임신이 되지 않아 배란일을 체크하러 꽤나 여러 차례 내원해야만 했었다. 결국 불임클리닉에 가서 인공수정 끝에 남아를 출산했다.

그녀의 여동생과 어머니도 우리 병원 단골이므로 거의 주치의 격으로 우리는 친밀하게 지냈지만 함께 중격동 종양 공부를 하던 날 진심으로 나쁜 병이 아니기를 소망하던 나의 모습에서 큰 힘을 얻었노라고 그녀는 예쁘게 말한다. 평소 친구들도 여럿 데려와 산부인과 진찰을 받게 하던 그녀가 나로서는 늘 고마웠다. 그리고 그런 희귀한 병이 왜 그토록 열심히 성실하게 사는 그녀에게 찾아왔을까를 생각하면 태만한데도 건강한 내가 미안하기조차 했다.

언젠가 내겐 대선배인 산부인과 의사선생님이 노년에 치매에 걸려 고생한다는 소식을 접했을 때 내가 했던 경망스런 말이 기억난다.

"일생동안 낙태수술을 많이 해서 벌 받은 건가봐."

산부인과 의사가 병마에 시달린다면 그건 낙태를 많이 해서 받은 '죄의 값'이란 생각을 가졌던 것이다. 그건 아마 나 또한 어쩔 수 없이 그런 수술을 해야 하는 자책감에서 나도 모르게 나온 소리일 게다. 그때 나를 뜨악하게 바라보던 한 후배가 병이란 그런 것이 아니라고 열변을 토했다. 성경 말씀을 제시해가면서 병마가 존재하는 건 신의 뜻을 입증하기 위해서이지 병으로써 단죄하는 것은 아니라고 했다. 하긴 착한 사람이 불행하고 오히려 악한 사람이 행복한 경우도 많으니까 죄의 값이 병이란 단순 논리는 성립되지 않는 것 같다.

미국의 여류 평론가 수전 손택이 이에 대해 쓴 글을 본 적이 있다. 암이나 백혈병 등 불치의 병에 걸리면 그것을 잘못된 삶 때문이라 여기거나 천벌이라 해석하는 것은 환자를 두 번 정죄하는 거라며, 사람들은 우연히 특별한 병에 걸릴 뿐이므로 병에 대한 관념적인 혹은 신학적인 해석은 금물이라는 것이다.

향초가 소리 없이 타오르는 동안 불꽃 사이로 그 환자의 동그란 얼굴이 떠오른다. 오랜만에 만난 그녀가 건강해보여서 퍽 안심이다. 어디선가 들은 바로는 암에 걸리는 사람들은 자신보다 남을 더 많이 배려하고 지극히 소극적이면서 의사표현을 제대로 못한다는 공통점을 가졌다고 한다. 그녀에게 이런 내용을 전하자 얼른 수긍하며 그래서 자신도 삶의 패턴을 많이 바꾸었다고 말했다. 병에 걸리기 전엔 다이어리를 빽빽하게 채우면서 철저하게 계획표를 짜서 시간을 완벽하게 활용하고자 애썼지만 지금은 조금 헐렁하게 살고 있단다. 취미생활로 캔들 타임(candle time)을 정해서 멋진 초를 만드는 여유를 갖게 되었다면서…….

그녀의 향초는 블루베리 향을 풍기며 오래오래 내 곁에서 맴돌 것이다. 역설적으로 아직 촛불을 켤 때가 아니라는 메시지를 전할 것이다. 별이 하나 뜰 때까지 꿋꿋하게 병마와 싸우겠단 의지라 믿고 싶다.

두 줄기 눈물

100년 만의 폭설로 은빛 아침을 맞은 날, 저마다 자동차를 버려두고 지하철로 몰린 탓에 인파 속에 떠밀리다시피 간신히 출근을 했다. 악천후라 기다리는 환자가 없으리라 예상했건만 병원 문을 열자 대기실에 앉아 있는 한 중년의 아주머니와 눈이 마주쳤다. 왠지 시름과 근심을 안은 표정에서 퍼뜩 불안감이 밀려왔다. 간호사 말에 의하면 이른 시각에 도착해 벌써 30분도 넘게 나를 기다렸단다.

"K를 아시지요? 그 아이 에미입니다." 진료실에 들어와 앉으며 조용히 말을 꺼냈다.

K군이라면 우리병원에서 호르몬 치료를 받고 있는 트랜스젠더(Transgender) 중 한 명이다. 성전환자라고 하는 이들은, 언젠가부터 나날이 내원 환자수가 늘어났다. 예쁘고 몸매

가 늘씬한 탤런트 하리수가 본디 남자였다는 것을 밝힌 후론 많은 음지의 트랜스젠더들이 그동안 숨겨왔던 자신들의 성향을 드러내기 시작했고 또 2006년에 호적법 개정안이 통과되면서 남자에서 여자로 또 그 반대로 호적을 정정하는 사례가 날로 느는 추세이다.

대구에서부터 눈 속을 뚫고 첫차를 타고 상경했다는 K군의 어머니는 나를 붙잡고 그간의 사연을 털어놓기 시작했다. 장남인데다가 외아들인 K가 트랜스젠더라는 걸 감쪽같이 모르고 있었는데 부모허락도 없이 딸로 바뀌려한다니 청천벽력이라는 것이었다. 아주머니의 눈에서 두 줄기 눈물이 흘러내렸다. 하나는 당신 서러움이겠지만 다른 하나는 아마도 내게 대한 원망이리라.

산부인과에서 트랜스젠더에게 하는 치료는 주로 호르몬제의 투여이다. 남자가 남자다울 수 있고, 여자가 여자답게 되는 것은 바로 에스트로젠이니 테스토스테론이니 하는 성호르몬의 작용이다. 그러므로 트랜스젠더가 되려면 자신의 타고난 성과 반대되는 호르몬제를 투여 받아야 하는 것이다. 일정기간 호르몬 치료 후에 성전환수술을 받는데 수술을 한다 해도 호르몬이 자체적으로 생성되는 것이 아니므로 평생 호르몬 치료가 필요하다.

중학교 시절부터 스스로를 남자가 아닌 여자로 여기게 되었다는 K군은 3개월 전부터 우리병원에 찾아와 주 1회씩 호르몬

주사를 맞았다.

하지만 환자가 원한다고 해서 무작정 호르몬제를 투여하는 것은 아니다. 우리나라의 경우 남성에서 여성으로 변하려는 사람이 그 반대의 경우보다 훨씬 많은데 개중에는 군대에 가지 않으려는 얄팍한 속셈에서 한시적으로 시도하는 젊은이들도 더러 있기 때문에 반드시 그 동기를 알아내는 것이 중요하다. 그것은 정신과에서 담당하고 있다. 즉 성주체성 장애라는 진단을 받은 사람들에 한해서 호르몬제를 사용하는 것이다.

K군도 물론 정신과 진단서를 첨부해 왔었다. 어머니에게 그런 사정을 설명해드리자 내게 대한 노여움은 조금 가시는 듯 했지만 도저히 아들을 이해할 수 없는 것 같았다. 부족한 것 없는 집안에 태어나 여태 호강하며 살았는데 무엇 때문에 트랜스젠더라는 흉측한 길로 접어들었는지 받아들일 수 없다는 것이었다. 아직까지 남편은 이러한 사실을 모르고 있지만 만일 아버지에게까지 알려진다면 날벼락이 떨어질 것이며 자신은 자식을 잘못 키운 죄까지 덤터기를 쓸 거라고 손수건으로 눈물을 꼭꼭 찍어 눌렀다. 원, 세상에 무슨 그런 병이 다 있어 멀쩡한 아들을 병신으로 만드느냐고 한탄과 원망을 반복했다.

의사로서, 같은 여자로서 또 어머니로서 대체 내가 무슨 말을 해 줄 수 있을까?

"아드님이 여자로 변해도 잘 살 것입니다. 성공 사례가 많으니까요." 그럴 수도 없고

"그러게요. 최선을 다해 말려보세요. 딸보다야 아들이 좋으시지요?" 그럴 수도 없으며

"집안 문제니 집에 가서 결론을 지으세요. 공연히 의사에게 와서 이러지 마시고요." 그렇게 박정한 말을 할 수도 없는 노릇이었다.

이 곤란한 상황을 어떻게 모면하나 고민하던 중에 비뇨기과 전문의인 형부 생각이 났다. 종합병원의 과장인 형부에게도 이따금씩 트랜스젠더 환자들이 찾아온다고 했다. 그러나 형부는 절대로 그런 치료는 할 수 없다며 돌려보내버린다고 했다. 만날 때마다 형부는 내게 주의를 주었다.

"처제, 트랜스젠더들 오면 원하는 대로 해주지마! 나중에 법적 문제가 생기면 의사만 곤란해져……."

'그래, 형부 말 좀 들을 걸…….'

창밖을 내다보니 여전히 눈이 쏟아지고 하늘은 잿빛이었다. 간호사가 환자들이 밀렸다고 눈치를 주자 K군의 어머니는 비틀거리며 간신히 자리에서 일어나더니 내게 당부를 했다.

"아이가 다시 오면 치료해주지 마세요."

그러마고 약속은 했지만 그는 결국 다른 병원에 가서 주사를 맞고 말 것이다. 트랜스젠더들의 집념과 의지는 그 무엇보다 강인하다.

환자 중엔 K군처럼 유복한 가정의 자녀인 경우도 있지만 하

루 벌어 하루 먹고 살만큼 곤궁한 사람들이 더 많다. 또한 성전환 수술비가 몇 천만원대에 이르기 때문에 그 돈을 모으기 위해 몸을 사리지 않고 몇 가지 직업을 갖고 일하는 환자들을 많이 보았다. 주어진 육체의 성을 따라 안주한다면 편한 삶을 살 수 있을 텐데 정신적으로 느끼는 성으로 바꾸겠다고 기를 쓰면서 사회의 몰이해와 차가운 눈초리를 견디는 그들의 모습을 보면 나는 과연 인간을 어디까지 이해할 수 있을지 궁금할 때가 많다.

살려주세요

  싱그러운 오월의 출근길, 바람을 타고 아카시아 향기가 물결친다. 아름다운 계절이건만 발걸음은 결코 가볍지가 않다. 어제 걸려온 산모 보호자의 전화 때문이다. 내게 산전 진찰을 받아왔는데 임신 6개월 만에 태아가 뱃속에서 사망했단다. 그런 불행한 사태를 미연에 알아내어 예방하지 못했다고 보호자는 거칠게 항의를 했다. 오늘 병원으로 찾아와 나의 과실을 입증하고야 말겠단다. 정말 내 과실은 없었을까? 의사가 된지 30년 가까이 되건만 환자 생각만 하면 늘 불안감이 엄습한다. 처음 취직했을 땐 병원 문을 열고 들어설 때마다 크게 심호흡을 하곤 했다. 내가 수술한 환자들에게 밤새 별탈이 없었을까? 우려하며.
  그때부터 생긴 불안감은 저 버드나무 솜털씨앗처럼 언제나 내 주변을 떠돌고 있다. 그런 불안을 가중시키기라도 하듯 등 뒤에서 요란한 사이렌 소리가 울린다. 구급차 한 대가 다급하게 달려온다. 차에 그려진 로고가 시선을 사로잡는다. '의술의 신' 아스클레피오스의 지팡이다. 아스클레피오스가 누구던가?

그는 태양신 아폴론과 아름다운 여인 코로니스 사이에서 태어났다. 즉 신과 인간 사이에서 생겨난 특이한 신분이다. 그의 출산 과정도 기이하다. 그가 어머니 뱃속에 있을 때 크로니스는 불륜을 저질렀다는 누명을 쓰고 남편에게 화살을 맞는다. 어머니가 장작더미 위에서 화형에 처해지는 순간, 임신 중이란 말을 듣고 아폴론이 배를 갈라 꺼낸 아이가 바로 아스클레피오스이다. 말하자면 삶과 죽음 사이에서 태어났다는 의미를 지니고 있다. 그는 현자 케이론에게서 의술을 배운다. 특히 뱀을 이용한 치료에 능해 지팡이에 감긴 뱀 그림으로 그를 상징하고 있다. 하지만 명의가 된 것이 죄였을까? 그의 죽음 또한 예사롭지 않다.

당시 그리스에는 아름다운 청년 히폴리스가 뭇 여인들의 선망의 대상이었다. 그는 다이아나와 사랑에 빠져 다른 여인은 거들떠보지도 않는다. 비너스도 히폴리스에게 마음을 주지만 거절을 당하자 앙심을 품는다. 비너스는 히폴리스의 계모에게 다가가 의붓아들을 사랑하게끔 만든다. 히폴리스를 사랑하게 된 계모는 아들에게 접근하려다 경멸을 당하고는 남편 테세우스에게 거짓으로 고자질을 한다. 아버지는 히폴리스가 새엄마를 욕보이려했다고 오해하고는 포세이돈에게 아들을 혼내주라고 부탁한다. 포세이돈은 파도 속에서 사나운 황소를 내보내고 해변을 달리던 히폴리스는 마차에서 떨어져 말발굽에 밟혀 죽는다. 소식을 듣고 다이아나가 명의 아스클레피오스에게 달려간다. 제발 목숨만 살려달라고 애원하자 의사 아스클레피오스가 약초를 내어주어 그것으로 히폴리스를 구한다. 하지만 이번엔 제우스가 진노한다. 유한한 목숨을 지닌 인간을 의사 멋대로 죽음의 문턱에서 구해낼 수는 없는 법이다. 제우스는 아스클레피오스를 지옥으로 밀어 넣는다. 이렇게 한 생명을 구한 죄로 죽음을 맞은 의사가 아스클레피오스이다. 훗날 제우스는 이 일을 미안하게 생각하고 별자리에 아스클레피오스를 새겨주었다. 즉 뱀주인자리(Ophiuchus)가 그것이다.

여신들의 사랑 놀음에 희생양이 된 아스클레피오스의 일화는 질병을 구제하고 죽음과 싸우는 의사들에게 맥 빠지는 이야기가 아닐 수 없다. 신의 뜻대로 인간이 살고 죽는 것이라면, 신의 계획에 의해 병들고 아픈 것이라면 의사란 언제까지나 신의 반역자일 수밖에……

그래서일까? 직업별 평균수명을 살펴보니 유난히 의사의 수명이 짧게 기록되어 있다. 종교인이 80세인 것에 비하면 의사의 평균수명 61.7세란 숫자가 안쓰럽게 보인다.

환자가 의사에게 "살려주세요."라고 하듯이 의사도 신에게 매달려 환자를 멋대로 치료한 저를 "살려주세요."라고 기도해야만 할까? 치료를 잘못하면 환자와 보호자에게 혼날 터이고, 치료를 잘하면 신에게 혼나야 하는 게 의사의 운명이라니 ······.

오늘따라 버드나무 솜털씨앗이 유난히 뽀얗게 날아다닌다.

부여 쥔 두 손

'삐용 삐용' 요란한 경보음을 내지르는 119 구급차에 올라탄 나는 하염없이 떨고 있었다. 손이 떨리고 눈동자가 떨리고 세상이 온통 흔들려 보였다. 구급차에 실린 내 환자는 여전히 의식을 차리지 못한 채 입술이 점점 파래져만 갔다.

목적지인 대학병원까지는 우리병원에서 불과 5분 거리이지만 내 불안한 심정의 거리로는 땅끝마을까지 가는 것만 같았다. 얼마나 오랫동안 친하게 지내오던 단골환자였던가! 그녀는 내게 남다른 의미가 있었다. 수년 전 어느 날 진료를 받고 가더니 줄줄이 환자들을 소개하여 데려오기 시작했다. 그런 인간관계가 하도 신기해 캐물어보자 그녀의 남편이 한 조직의 우두머리라고 했다. 그 조직은 남편의 서열이 아내들에게도 똑같이 적용되는 걸 보여주었다. 깍두기 머리를 한 그녀들의 남편들과는 대조적으로 부인들은 하나같이 양순하고 순박했다. 다만 서로간의 위계질서를 매우 중시하는 것이 특이했다.

그랬던 그녀가 오늘 우리 병원에 와서 영양제 주사를 맞던 중 갑자기 의식불명의 상태로 빠져든 것이다. 구급차 안에서 두 손을 맞잡아 쥐어 깍지를 끼니 두 배로 심하게 떨렸다. 미처 못 다한 나의 마지막 노력을 시작했다. 그건 오래전 어느 산부인과 의사에게서 배운 것이다.

그 도시는 주변이 온통 새까만 탄광촌이었다. 인턴시절 파견을 나갔던 강원도 태백시의 장성. 두 눈자위와 치아만이 새하얄 뿐 온통 검댕이 칠을 한 광부들이 잦은 갱반사고로 실려오던 응급실 근무는 고단하기 짝이 없었다. 인턴들이 너나없이 근무를 기피하던 오지의 그곳에서 나는 몇 차례나 사선을 넘나드는 환자와 마주했는지 모른다. 게다가 산부인과를 지원했던 터라 밤과 낮을 구별하지 않고 태어나는 아기들 때문에 피곤에 지쳐있었다.

보름달이 훤하던 어느 날 밤 분만실에선 다섯 번째 아기를 출산하려는 산모가 극심한 진통을 겪고 있었다. 산부인과 과장님은 군복무 대신 무의촌으로 파견된 젊고 훤칠한 분이었다. 전문의 자격증을 취득한 까마득한 선배였지만 햇병아리 우리 인턴들에게 퍽 자상하고도 따뜻하게 경험담을 말해주곤 했다. 당직이 아닌 밤엔 포장마차에서 소주도 한 잔씩 따라주며 각별히 후배들을 챙기는 그런 의사였다.

진통에 신음하는 그 산모는 단 한 차례 진찰을 받은 적도 없이 여느 때처럼 혼자 집에서 낳으려다가 아기가 나오질 않자 하는 수 없이 병원에 실려 온 터였다. 경산부라 쉬울 것이라는 우리의 예상과는 달리 지독한 난산이었다. 아기가 태어날 때 땅을 보고 나오면 분만이 순조로운 반면 하늘을 쳐다보며 나오느라 애를 먹이는 그런 경우였다. 오랜 실랑이 끝에 드디어 '응애' 하고 반가운 울음소리가 들렸다. 비로소 안도의 한숨을 내쉬던 것도 일순간, 산모의 자궁에선 피가 쏟아져 나왔다. 어느 폭포수가 저리도 세찼던가? 바다 한 가운데가 뚫리기라도 한 것일까? 곁에서 아무 도움을 주지 못한 채 서있기만 하던 나는 그만 겁에 질렸다. 깊은 밤 창밖에선 부엉이 울음소리가 들려와 두려움을 더했다.

과장님도 당황하기 시작했다. 병원에 구비된 온갖 비상약을 투여해 봐도 출혈은 쉽게 멎질 않았다. 혈액이 인체에서 차지하는 양이 8%인데 산모는 그 피를 다 쏟는 것만 같았다. 과장님은 커다란 거즈를 포개어 겹겹이 산도를 막고 나더니 갑자기 바닥에 털썩 무릎을 꿇었다. 그리고 두 손을 꼭 부여잡고는 기도를 올리기 시작했다. 흥건히 고인 붉은 피 위에서 그리고 산모의 두 다리 사이에서 고개 숙인 그의 모습을 무어라 표현해야 좋을까?

그의 얼굴에서 성모마리아 그 이상의 무엇을 보았다.

틀림없이 그 기도 덕분이었을 것이다. 출혈은 서서히 멈추었고 산모와 아기는 건강하게 퇴원했다. 그때의 기도하던 과장님의 모습은 의사로서 세상에 첫발을 내딛던 내 가슴에 선명하게 아로새겨져 있다.

의술이 어찌 인간의 기술이라고만 하겠는가? 생로병사가 어찌 인간의 뜻뿐이겠는가?

나는 환자에게 이러저러한 처방을 해주면서 그가 낫는 것을 비단 나의 힘이라고는 생각지 않는다. 우리들 몸속에는 일개 의사가 알 수 없는 초자연적인 힘이 들어 있으리라. 그리고 인간생명의 유한성과 존재의 허약성을 인식한다면 의학을 초월적인 성스러움과 연관 지어 생각하지 않을 수 없으리라. 약물치료나 처치와 같은 의학적 지식만으로는 최선을 다했다고 말할 수 없을 것이다.

내 머릿속에 각인 된 과장님의 모습처럼 구급차 속의 나도 간절히 기도를 올렸다. 그 순간의 기도는 어떤 신의 이름을 불러도 상관없었다.

응급실에 도착하자 그 환자는 여러 가지 검사를 받은 결과 어이없게도 수면제 과다 복용으로 판명이 났다. 최근 남편이 집을 떠나 복역을 하게 된 바람에 감당할 수 없는 일이 너무 많이 생겨 불면증에 시달렸단다. 여기저기 모아놓은 수면제를 한꺼번에 먹은 후에 나를 찾아와 영양제와 신경안정제를 투여 받고는 깊은 수면에 빠져버린 것이었다. 어찌나 깊은 잠이었던지 호흡까지 불규칙해져서 가사假死상태로 보였던 것이었다.

대학병원에서도 한 나절을 꼬박 더 자고 난 후에 깨어난 그녀는 내게 멋쩍은 미소를 지어보였다. 그녀의 무사함도 필경 나의 기도가 하늘에 닿은 덕분이었을 것이다.

3부

참을성은 어디에서 나오는 걸까?
뚫어진 장갑
손 없는 날
무거운 숨결
나의 초능력
나는 너를 알고 있다
기에요?
고마운 점쟁이
술이 석 잔 뺨이 세 대

참을성은 어디에서 나오는 걸까?

 산부인과 진찰대에 누운 환자가 민망한 자세로 발버둥을 치기 시작한다.
 "마취해주세요, 마취!"
 5년 전에 끼운 피임기구인 루프를 제거하는 순간이다. 그녀가 착용한 루프는 T자 모양에다 꼬리처럼 실이 매달려 있기 때문에 그 줄만 잡아당기면 된다.
 하지만 그녀는 자신의 체질상 아픈 것은 조금도 참을 수 없다며 마취를 해달라고 수선을 피운다. 하도 요란하게 소리를 지르니까 밖에 있던 간호사까지 달려와 진정을 시켜 봐도 막무가내이다. 그간 여러 차례 성형수술을 할 때마다 수면마취를 받아 보았더니 하나도 아프지 않아 좋았다며 환자가 원하는데 왜 마취를 안 하는 거냐고 볼멘소리를 한다. 나로서는 루프

제거 시술이 워낙 쉽고 삽시간에 이뤄지는 것이라 마취란 터무니없는 소리로 들린다. 그러나 결사적으로 버둥거리며 협조를 하지 않는 통에 결국 그녀에게 지고 만다.

비단 이 환자만 그러는 게 아니다. 참아보려는 일말의 노력도 없이 편한 것만 원하는 환자들이 점점 많아지고 있다. 루프를 끼울 때도, 뺄 때도, 작은 종기 하나 째려 해도 다짜고짜 수면마취를 해달라는 사람들이 있다. 환자들은 몸에 대해 잘 모르기 때문에 공포심으로 떨기 마련이기에 찬찬히 설명을 해주어도 반응은 마찬가지이다. 얼마든지 돈은 낼 테니 아무것도 느끼지 못하도록 푹 재워달라고 조른다. 어쩌면 고통의 상징인 진통조차 무통분만으로 해결한 현대의학발전의 결과인지도 모른다.

이와는 대조적으로 잘 참는 이들이 따로 있다. 중국에서 한국으로 일하러 온 조선족의 경우 의사를 감탄시킬만한 인내심을 보여주곤 한다. 중국 루프는 금가락지 모양의 용수철로 環이라 부른다. 거기엔 꼬리가 달려있지 않다. 한 번 끼우면 영구적으로 쓰이느라 뺄 때의 수고는 고려하지 않은 것이리라. 그러다보니 환을 제거하기란 마치 호리병 안의 옥구슬을 꺼내는 일처럼 간단치가 않다. 그래서 조선족 환자만 보면 환을 빼러 온 걸까봐 나도 모르게 긴장을 하게 된다. 기구로 환을 잡으려면 먼저 자궁 입구를 열어야 하는데 그 순간 환자가 느끼는 아픔은 가히 산고에 비할 만큼 고통스럽다. 어쩌면 통증으로 인한 쇼크를 일으킬 수 있는 상황이므로 환자에게 마취를 선택할 수 있다고 알려준다.

그때마다 그들은 "일 없음네다. 몽혼주사夢魂注射 없이도 참을 수 있음네다."라고 시원스레 답하곤 한다. 실제로 마취하에 환을 제거한 조선족 환자는 한 명도 없었다.

수 분 동안에 걸친 진땀나는 시술 끝에 드디어 환을 꺼내고 나면 그네들이 잡고 있던 진찰대 손잡이에 흥건히 고인 땀을 볼 수 있다. 여태 신음소리 한 번 내지 않았건만.

이런 참을성은 어디에서 오는 것일까? 어렵고 힘든 처지에서 인내심이 발휘되는 걸까? 단군신화에서 100일간 쑥과 마늘만 먹고 견딘 곰 이야기를 보면 우리야말로 인내심을 타고난 민족 아니던가? 밭에서 일하다 아이를 낳고도 마저 마무리를 지었다던 우리 어머니 세대의 삶은 인동초와 같다지 않던가? 오랜 세월 우리는 은근과 끈기를 자부하고 살았는데 요즘의 진료실 풍경을 보면 그런 미덕이 어디로 사라졌는지 궁금하다. 나야말로 덥다고 에어컨 온도를 와락 낮추고, 춥다고 히터 조절기를 훅훅 올리고 있으니 말이다.

뚫어진 장갑

　무어든 첫 경험은 쉬이 잊히질 않는다. 처음 수술실에 들어갔을 때의 일이다. 본과 3학년 이 되어 임상실습이 시작되자 학생들도 한 명씩 수술에 참여하게 되었다. 내 차례는 담석증 환자의 쓸개 제거술로 뚱뚱한 중년 여성이 그 대상이었다. 지금은 담석제거쯤이야 배를 열지 않고도 복강경으로 해치우지만 당시엔 2시간이상 소요되는 큰 개복수술 중의 하나였다. 과장님을 위시해서 수련의 세 명도 줄줄이 손을 닦았.

　수술실이란 무균상태(asepsis)를 최우선으로 하는 곳이라 여느 곳과는 달랐다. 마치 우주여행을 떠나는 캡슐이나 어떤 감시체계 안으로 들어 선 것 같아 절로 몸이 움츠러들었다. 어쩌면 공기조차 특별해 숨도 다른 방식으로 쉬어야 할 것 같았다. 최소한의 속옷에다 헐렁한 수술복을 입고 양말까지 모두 벗었다. 모자와 마스크를 쓴 다음 눈만 빠끔 내밀고 손 세척을 시작했다. 딱딱한 솔에다 소독약을 칠하고 손가락에서부터 팔꿈치 위까지 닦아야 했다. 특히 손톱 아래를 집중적으로 문지르며 1분 이상 세 차례 깨끗이 씻었다. 닦은 손은 무엇과도 닿지 않도록 높이 쳐들고 있어야 했다. 숙련된 간호사가 다가와 녹색 수술 가운을 입혀 주고 등 뒤에 매달린 끈을 묶었다. 양손에다 고무장갑도 일일이 끼워주었는데 학생이 수술실에 드나드는 것이 성가시단 기색이 간호사의 태도에 역력히 드러났다. 또한 내가 무슨 세균덩어리이기라도 한 양 일거수일투족을 주시하는 것이었다.

모든 준비를 마치자 마취 된 환자를 가운데 두고 수술 팀이 둥그렇게 둘러섰다. 덩치 큰 남자의사들 사이에 낀 나는 차츰 숨이 조여 옴을 느꼈다. 마스크 때문에 그랬겠지만 수술실은 산소가 희박한 곳 같았다. 집도의의 손놀림을 따라 일사분란하게 움직이는 선배 의사들의 조직력이 보는 이를 주눅 들게 만들었다. 한 치의 오차도 없이 손발이 척척 맞는 그들 모습은 마치 공동으로 작품을 만드는 예술가처럼 보이기도 했다. 그러나 내겐 주어진 역할이 없어 꾸어다 놓은 보리자루처럼 서 있기만 하자니 힘겹기 짝이 없었다. 더러 학생이 실습 중에 졸도했단 이야기가 헛소문이 아님을 알 것 같았다. 몸 한 구석이 가려워도 꼼짝도 못한 채 서 있자니 전신이 근질거리고 다리 또한 아파오기 시작했다. 어서 이 고난의 시간이 지나가기를 기도하던 중이었다. 그런 내 속내를 간파하셨던지 과장님이 한 말씀하셨다.

"학생, 장승처럼 서 있지만 말고 피 좀 닦아보지. 그래."

높은 분에게 지적을 당하자 당황한 나는 거즈를 들고 다짜고짜 수술 한복판으로 손을 들이 밀었다. 그러나 어눌한 손놀림에 그만 봉합 중이던 과장님이 손길과 부딪히면서 손가락을 바늘에 찔리고 말았다.

"아얏!"

그 순간 모두 일제히 손을 놓더니 수술을 딱 멈췄다.

1년차 레지던트는 간호사를 향해 "글로브"라고 외쳤다. 일개 학생의 장갑 한 짝 때문에 수술을 중단하는 게 놀랍고도 황송했던 나는 "저 괜찮아요. 하나도 아프지 않아요."하고 손사래를 쳤다. 간호사가 다가와 장갑을 벗길 때에도 찔린 손가락을 치료해주려는 줄 알고 주먹을 꼭 쥐고 버티기까지 했다. 단지 바늘구멍만큼 뚫린 것뿐인데…….

그러자 4년차 레지던트가 한심하다는 듯이 나를 노려보며 말했다.

"뭐? 널 위해 그러는 줄 알아? 네 뚫어진 장갑에서 세균이 나오잖아. 환자한테 염증 생기면 네가 책임질래?"

"…………"

그때의 무안함을 어떻게 잊을 수 있을까? 그러니까 수술용 고무장갑은 의사를 위해서가 아니라 환자를 보호하는 차원에서 착용하는 것인데 나는 어린 아이처럼 오로지 내 입장만 생각했던 것이다.

장갑은 영어로 글러브(glove)이므로 그 안에 사랑(love)이 가득 담겨있을 것이다. 연인간의 선물로도 주고받는 예쁜 물건이지만 난 지금도 장갑만 보면 옛 기억에 얼굴이 붉어진다.

돌이켜보면 그때처럼 나를 위한 일인지, 상대를 위한 일인지 모른 채 저지르는 일이 많았을 것이다. 요즘 난 부엌에서도 고무장갑 끼는 게 내키지 않아 늘 맨 손으로 일하곤 한다.

손 없는 날

 오랜만에 A여사가 왔다. 언제나처럼 딸과 동행이었다. 학생 때부터 생리통으로 드나들었던 여사의 막딸은 어느덧 아이 엄마가 되어 있었다. 모녀의 방문으로 진료실이 환해졌다. 손가락사이에 알사탕만 에메랄드가 번쩍이는 여사는 여전히 화려하고도 우아했다. 몇 년 만에 보아도 변치 않고 활기 찬 여사의 젊음의 비결이 무언지 궁금했다. 특히 주름 한 줄 없이 팽팽한 얼굴이 신기했다.
 전에는 병원 근처에 살아 자주 얼굴을 볼 수 있었지만 이사 후엔 뜸했다. 건설업을 하는 남편이 손수 큰 집을 지어 출가한 두 딸까지 온 가족이 모여 산다고 했다. 장남이 유학을 다녀왔지만 취업이 안 되어 걱정이라고는 하지만 여사에겐 그다지 문제가 아닌 성 싶었다. 독립할 나이가 되어도 부모에게 경제적으로 의지하며 사는 자식을 '캥거루족'이라 부른다는데 A여사 경우는 캥거루 엄마노릇을 자청하는 듯이 보였다. 함께 사는 동안엔 손자의 유치원비까지 감당하겠노라 활짝 웃는 A여사가 이 시대의 진정 행복한 부모 같았다.

이번에 딸에게 둘째 아이가 생겨 병원을 찾아 왔단다. 멀리서 와주었다니 더욱 반가웠고 또 크게 축하해주고 싶었다. 하지만 나쁜 소식을 전해야만 했다. 월경이 멎은 지 두 달이라고 해서 건강한 임신낭을 기대했건만 초음파 소견은 그렇지가 못했다. 태아 심음이 감지되지 않는 계류유산으로 진단되었다. 이런 경우는 소파수술이 불가피했다. 아직 씨앗에 지나지 않는 단계일지라도 한 생명의 사멸을 전해야 하는 이런 때가 의사에게는 가장 피하고 싶은 순간이다. 새하얀 얼굴의 얌전한 산모는 말없이 눈물을 뚝뚝 흘렸다. 모녀는 수술 준비를 하고 다시 오겠다며 어깨를 축 늘어뜨린 채 돌아갔다. 착한 우리 딸에게 왜 이런 일이 생겼냐고 따져 묻던 A여사의 질문에 계류유산이란 산모 탓이 아니란 것과 원인 없이 누구에게나 흔히 찾아온다는 설명에 그나마 수긍을 한 것 같았다.

그러나 하루, 이틀, 사흘이 지나도 그들 모녀는 나타나지 않았다. 궁금한 마음에 연락을 해보려다가 딴 병원으로 갔으려니 하고 참았다. 예전에는 단골환자였어도 이젠 멀리 이사 간 마당에 꼭 내게 오란 법도 없지 않은가. 세상엔 크고 시설 좋은 병원도 많으니 굳이 우리 병원에 오고 싶지 않을 것도 같았다.

그렇게 일주일이나 지나 A여사를 잊을 무렵 불현듯 모녀가 나타났다. 여사의 큰딸은 얼굴이 벌겋게 상기되어 있었다. 하혈도 있고 배가 많이 아프다며 제대로 걷지도 못했다.

왜 이제야 왔느냐고 다그쳐 물으니 우물쭈물 대답을 미뤘다. 아마 유산이란 내 진단이 믿기질 않아 시간을 끌었나보다 이해하고 얼른 수술 준비를 시켰다. 그때 A여사가 내 팔을 잡아끌더니 속삭이듯 귀에 대고 말했다.

"이렇게 중대한 수술을 아무 날에나 받을 수는 없지 않겠어요? 그래서 '손 없는 날'을 받아 온 거예요.

이날저날 고르고 고르다 음력으로 20일인 오늘에야 오게 되었다나? 물론 나도 이사 할 때에 '손 없는 날'을 꼽아보란 소리는 들어보았다. 음력으로 끝수가 1·2일인 날에는 동쪽, 3·4일인 날에는 남쪽, 5·6일인 날에는 서쪽, 7·8일인 날에는 북쪽에서 귀신이 활동한다고 믿는다. 단지 9·10일엔 그 어떤 방향에도 악귀가 없으므로 이사를 이날에 맞춰한다는 것이다. 하지만 수술 날짜에 이를 적용하는 A여사가 놀라웠다. 더구나 계류유산이라면 죽은 태아조직에서 나쁜 독소가 나와 패혈증과 같은 전신감염이 우려되는 응급상황인데 말이다. 환자의 심각성을 알려주지 않은 내 탓인 것만 같아 알겠노라고 고개를 끄덕였다. 그러나 A여사는 거기서 그치지 않았다. 나를 붙들고 묻기 시작했다. 앞으로 열흘 후면 윤달이 시작되는데 그때까지 수술을 미루면 어떻겠냐는 것이었다. 윤달엔 신들이 모두 휴가를 가기 때문에 어떠한 흉한 일을 해도 화가 미치지 않는다면서.

"뭐라구요?" 나도 모르는 사이 버럭 고함이 목구멍을 뛰쳐나갔다. 딸이 유산되어 열이 나고 배가 아픈 이 마당에 귀신 타령이나 하는 A여사에게 절로 화가 솟구쳤다. 여태까지 미소만 짓던 내가 고함을 치자 A여사는 멈칫하며 순순히 나를 수술실로 보내 주었다.

무사히 수술을 마치고 창가에 쏟아지는 햇살을 바라보다가 나는 잠시 생각에 잠겼다. 어쩌면 A여사의 삶의 방식이 옳고 내가 그른 건 아닐까? 정해진 운명 따위는 없다고 믿는 나, 오직 노력하는 자만이 성취하는 거라 믿는 나는 어떤 풍랑 가운데에서도 노를 멈추지 않고 바다를 헤쳐 나가려는 뱃사공처럼 삶의 노정에 무모하기만 했던 것은 아닐까? 과학의 이름아래 귀신이나 사주 따위는 없다며 거리낌 없이 행동했기 때문에 크고 작은 화를 자초했던 건 아닐까? 어쩌면 방위도 살피고 날짜도 헤아리며 납작 엎드려 매사에 더욱 조심하며 살아야 하지 않았을까? 반면에 세월이 흘러도 늙지 않고 풍족하게만 보이는 A여사는 하늘의 보위를 극진히 받는 귀부인처럼 부럽게 생각되었다.

무거운 숨결

정말이지 나는 인형이 걸어 들어오는 줄로만 알았다.

믿기지 않을 정도로 예쁜 그녀의 모습은 얼마 전에 읽은 단편소설 〈가벼운 숨결〉을 떠올리게 했다. 러시아 작가 이반 부닌이 쓴 이 작품에는 아름다운 여인을 설명하는 11가지의 조건이 나열되어 있다.

'끓는 타르처럼 까만 눈, 밤처럼 검은 속눈썹, 부드럽게 홍조를 띤 볼, 가는 허리, 평균보다 긴 팔, 작은 발, 적당히 큰 가슴, 적절한 종아리 곡선, 조개 색 무릎, 비스듬한 어깨선, 가벼운 숨결.'

그녀는 이 모든 조건에 부합되어 보였다.

단지 '가벼운 숨결'만이 해당되지 않았다. 얼굴에 잔뜩 불만을 담은 중년여인에게 끌려오다시피 진료실에 들어선 그녀는 가볍기는 커녕 긴장한 나머지 불규칙한 숨을 쉬고 있었다.

투명한 피부가 외국인임을 말해주었지만 흡사 하늘나라에서 내려온 것만 같았다. 도무지 환자에게서 눈을 떼지 못하는 나에게 함께 온 부인이 설명을 시작했다.

키르키즈스탄 태생의 그녀는 국제결혼소개소를 통해 소개 받았단다. 몇 개월 전에 아들과 혼인을 시켰지만 도무지 말이 통하지 않고 온종일 방에만 틀어박혀 있어 답답하기 짝이 없다고 했다. 빨리 아이나 낳아 주었으면 좋겠는데 3개월이 넘도록 소식이 없을 뿐 아니라 자꾸 부부관계를 피하려고만 하니 산부인과적으로 이상이 있는 게 아닐까 의심이 되어 데리고 왔다는 것이었다.

"즈뜨라스뜨뷔이쩨!"

나는 유일하게 아는 러시아어로 인사를 건네 보았다. 그러나 내 발음이 신통치 않아서인지 그녀는 멀뚱멀뚱 쳐다보기만 했다. 나는 거의 원시인처럼 손짓 발짓을 동원해 그녀를 진찰대위에 눕혔다. 내진을 하고 초음파 검사도 했지만 아이를 갖는 데의 문제점은 발견하지 못했다. 단지 잦은 잠자리 때문인지 하얀 피부가 빨갛게 부어 아파보였다. 그녀와 대화를 나누고 싶어 1339에 전화를 해보았다. 요즘은 1339만 누르면 외국인 환자를 통역해주는 서비스가 제공되고 있다. 그러나 안타깝게도 영어, 중국어, 일본어만 취급한다고 했다. 하는 수 없이 그녀의 흰 손을 잡고 눈빛으로만 전했다. 모든 것이 정상이라고, 걱정하지 말고 기운을 내보라고…….

그녀는 무거운 한숨을 쉬는 것으로 대답을 대신했다.

아무 이상이 없다고 해도 그녀의 시어머니는 쉬지 않고 하소연을 늘어놓았다. 결혼소개비가 얼마나 많이 들었는지 모른다, 머리가 좋았던 아들이 열 살 때 열병을 앓은 후유증으로 정신지체자가 되지 않았더라면 자신도 외국인 며느리를 얻지는 않았을 것이다, 전형적인 모계사회인 키르키즈스탄의 여자는 절대로 아이를 버리고 떠나지 않는다고 해서 최우선적으로 선택했는데 말이 통하지 않으니 죽을 지경이라는 내용이었다. 바라볼수록 더욱 아름다운 그녀가 점점 더 측은해졌다.

소설 〈가벼운 숨결〉의 주인공은 17세짜리 소녀이지만 그녀의 자태는 일찍이 인간의 언어로는 형언할 수 없을 만큼 매혹적이었다고 했다. 결국 그녀는 미모 때문에 총을 맞아 죽게 되므로 아름다운 것은 투려운 것인지 모르겠다.

그들 고부姑婦가 진료실을 나간 후에 나 또한 무거운 한숨을 내쉬었다.

나의 초능력

 창가의 바람이 자꾸 바깥으로 시선을 이끄는 봄날, 계절을 느껴보려고 집을 나섰다. 목적지는 경상북도 상주 극락정사. 비록 불교 신자는 아니지만 그곳의 비구니 스님들이 간혹 산부인과에 진찰을 받으러오면서 우리는 친한 사이가 되었다. 그들도 어쩔 수 없는 여자가 아니던가.
 도로변의 벚꽃들은 합창곡을 부르고 먼 산의 진달래는 아리아를 들려주어 천지는 온통 꽃노래로 가득 찬 듯했다. 이토록 좋은 날씨에도 불구하고 고속도로는 한산했다. 나날이 오르는 기름 값 때문인 듯했다. 드문드문 달리는 차 사이로 마구 속도를 내어도 좋으련만 그럴 수가 없었다. 도처에 무수히 많은 속도감시장치가 달려 있는 게 아닌가. 어쩌면 도로를 만드는 비용보다 카메라 감식기 설치에 돈이 더 많이 들었을 것만 같앉다. 어떤 곳은 구간별 감시라고 A지점에서 떠나 B지점에 도착하는 시간을 측정하기도 했다. 마치 카레이싱에 출전하는 선수가 된 것 같았다. 카메라를 의식한 나는 조심조심 봄노래 속을 달렸다. 그러다 문득 계기판을 들여다보았다. 시계처럼 생긴 계기판의 최고 숫자는 200이 훨씬 넘지만 주행속도를 가리키는 바늘은 120이하에 머무르고 있있다.

승용차의 최대 속도는 200km가 넘는데 120km로 제한해야 한다면 무엇 때문에 빨리 달리는 차를 제작하는 것일까? 아예 속력이 적게 나는 차를 만들면 한결 수월할 텐데…….

그건 혹시 세상엔 허용 범위가 넓지만 선택은 인간의 자유의지라는 걸 강조하기 위해서일까? 예를 들면 담배만 해도 치열하게 금연 운동을 벌일 만큼 건강에 해롭다면 아예 생산이나 판매를 하지 않으면 될 것이 아닌가? 할 수 있어도 참는 게 훌륭하다는 걸 알려주기 위해서일까? 도처에 매달린 카메라들이 운전자들을 길들이는 듯싶었다. 이렇게 대중을 통제하고 관리하는 도구들이 바로 미셸 푸코가 언급한 원형 감옥(Panopticon)의 일종으로 보였다. 개인의 사생활을 침해하고 감시하는 권력의 상징으로서 카메라가 번쩍이는 것 같았다. 어쩐지 죄수가 된 듯 쓸쓸한 기분으로 계기판을 들여다보다가 아주 오래전의 특별한 경험이 생각났다.

전문의가 되어 처음 취직한 병원엔 산모가 상당히 많았다. 임산부란 워낙 시도 때도 없이 진통이 시작되기 때문에 당직날 밤엔 어김없이 몇 차례씩 분만실에 불려나가야 했다. 그날도 잠이 들자마자 전화가 울렸다. 응급제왕절개수술이 불가피하다는 간호사의 급박한 호출이었다. 눈 비빌 새도 없이 시동을 걸고 달려 나갔다. 집에서 병원까지는 5분 거리였다. 서둘러 집도하여 꺼낸 아이는 우렁찬 첫울음을 터트렸다. 아이가 나오고 자궁을 봉합하고 나니 절로 안도의 숨이 쉬어졌다. 문제는 그 순간 발생했다.

눈앞이 보이지 않는 것이었다. 수술실이며 마취의사며 죄다 희미하게 보였다. 빨리 복막을 닫아야 하는데 난감한 노릇이었다. 손을 멈추고 반복해서 눈을 깜박거리다가 비로소 알게 되었다. 콘택트렌즈 끼는 것을 잊은 것이었다. 안경은 주로 집에서만 쓰고 외출 할 땐 무조건 렌즈를 착용했는데 안경조차 쓸 겨를이 없이 튀어나오다니…….

시력이 나빠진 건 어른들의 말씀을 새겨듣지 않고 어두운 곳에서 책을 보았던 탓인지 고등학생 때부터 안경의 도움을 받고 살았다. 그러다가 안경이 미모에 방해가 된다는 이유로 숙녀가 되고 부턴 콘택트렌즈를 선호했던 것이다. 지금이나 그때나 맨눈으로는 반달조차 보름달로 보일 만큼 시력이 나쁜데 운전을 하고 병원에 온 것도, 수술을 집도한 것도 기적과 같은 일이 아닐 수 없었다.

렌즈를 끼지 않은 걸 자각한 순간부터 갑자기 무능해진 나는 수술실 한 복판에서 어찌할 바를 몰랐다. 미간을 잔뜩 찌푸린 채 환자에게 코가 닿도록 고개를 숙이고서야 가까스로 수술을 마칠 수 있었다. 집에 돌아오는 길에 운전대를 잡지 못한 건 더 말할 나위가 없다.

그때의 경험을 나는 초능력이라 부른다. 잠재력에다가 조금 허풍을 붙인 것이다. 이렇게 나도 모르게 예비해놓은 능력이 있어 또 언젠가 유사시에 발동할 것이라고 굳게 믿고 있다.

200km를 달릴 수 있는 승용차를 100km로 유지해야 안전하고 경제적이라고 하듯이 우리는 더 잘 할 수 있는 능력들을 제한하고 억제하기만 하는 건 아닐까? 비상시에만 작동하겠다면서 다양한 능력들을 감추고 또 아끼며 사는 건 아닐까?

하지만 너무 아끼기만 하다가 재능이고 소질이고 능력이고 아예 썩히는 건지도 모르겠다. 짐을 가득 실은 화물차를 앞지르기 위해 '부웅' 엑셀을 밟다가 한순간 이런 생각을 했다. 더 이상 몸을 사리지 말고 누구를 도와주거나 예술을 사랑하는 데에 숨겨놓은 능력을 발휘해보자고…….

나는 너를 알고 있다

　진료실에서 여러 가지 질문을 받지만 대답을 선뜻 하지 못하는 경우는 "왜 그런 건가요?" 하고 다짜고짜 병의 원인을 묻는 환자를 만났을 때이다.
　아무리 의사라고 해도 내가 그걸 어찌 알겠는가?
　예를 들어 여성 가려움증의 주류를 이루는 '곰팡이성 질염'만 해도 몸속에 캔디다 균이 침범해서 걸린다는 것은 알지만 왜 그랬는지야 내가 어찌 알 것인가.
　그런데도 마치 내가 병을 심어주기나 한 것처럼 팔짱을 낀 채로 눈을 동그랗게 뜨고 "왜 가려운 건데요?"라고 따지는 환자들을 자주 만난다. 환자 중에서 비스듬히 앉아 주머니에 손을 넣은 채 말을 하거나 다리를 꼬고 앉아 흔드는 사람, 때마침 걸려온 전화에 고래고래 소리를 지르며 통화를 하는 사람들을 진료실에서 보는 것은 더 이상 어려운 일이 아니다. 내게 치료자로서의 권위가 없어서 그러려니 이해하면서 한편 그런 사람일수록 자신감이 없어서 방어적으로 불량한 태도를 취하는 것이 아닐까 추측을 해 본다.

'왜 그런 건지'에 대해서라면 비단 질병 뿐 아니라 세상만사를 명쾌하게 설명하기가 쉽지 않을 것이다. 왜 내가 사랑에 빠지는 건지? 왜 로또에 당첨되는 건지? 그 이유를 누가 알 수 있겠는가 말이다. 하지만 이렇듯 다소 불손하게 느껴지는 환자의 질문 앞에서 그나마 내 불편한 심기를 누르고 답해 줄 수 있는 말이 하나 있다.

"몹시 피곤하셨나 봐요."

그런데 참 이상하게도 이 말이 적용되지 않는 사람은 단 한 명도 없다. 그 순간부터 환자들은 긴장을 풀고 의사에 대한 경계를 벗어버리면서 금방 속내를 말하기 시작한다. 사연을 들어 보면 부동산 계약이 잘못되었다던가, 주식에 투자한 것이 거덜 났다거나, 혹은 애인이 변심을 해서 또는 자녀가 속을 썩여서 등등 상처 받고 잠 못 이루고 피곤한 이유가 각인각색이다.

그 한마디에 눈을 치켜뜨고 따져 묻던 환자는 팔짱을 풀고 공손해지고 나는 환자의 피곤함을 간파한 명의로 부상하게 된다.

그럴 땐 호머의 ≪오디세이아≫ 12장에 나오는 세이렌 이야기가 생각난다.

트로이 전쟁을 마치고 고향으로 돌아가려던 오디세우스는

포세이돈의 방해로 10년간에 걸친 모험을 한다. 그 중에서 세이렌 종족들이 노래를 부르는 섬을 거쳐야 했는데 그 노래가 어찌나 아름다운지 사람들은 곧장 바다로 뛰어든다는 것이다. 물론 꾀 많은 오디세우스는 밀랍으로 선원들의 귀를 막고 스스로는 돛대에 몸을 묶어 노래에 홀리지 않도록 조처를 하여 무사히 항해를 계속한다. 도대체 세이렌이 무슨 노래를 불렀기에 뱃사공들의 목숨을 앗아간 것일까?

음악의 아름다움이야말로 나도 남들 못지않게 잘 안다고 자부하며 살았다. 브람스의 첼로 소나타를 들을 때마다 내 가슴이 에이지 않도록 얼마나 세차게 가슴을 부여잡아야 했는지, 브루흐의 흐느끼는 바이올린 선율 앞에서 얼마나 큰 눈물방울을 떨구었는지, 바흐가 전해준 숭고함 때문에 나는 또 스스로를 얼마나 부끄러워했는지. 하지만 그 모두가 진정 목숨을 버릴 정도는 아니었다. 그렇다면 세이렌은 어떻게 남의 생사를 좌우할만한 노래의 능력을 가진 것일까?

세이렌은 이렇게 노래했다.

> "여기요, 자 이쪽으로 오십시오, 아카이아 인의 위대한 영광, 오디세우스여! 배를 대고 우리의 노래에 귀를 기울이소서. 아무도 우리 입에서 흘러나오는 황홀한 노랫소리를 듣지 않고는 검은 배를 타고 이곳을 지나갈 수 없었습니다. 노래를 들으며 가시는 길은 기쁨이요, 또한 많은

지식을 얻을 것입니다. 우리는 신들이 고의로 알지브 군
과 트로이 군이 겪게 한 고통, 그 모든 것을 알고 있기
때문이라오. 우리는 광대한 지상에서 벌어지고 있는 일들
을 모두 알고 있다니까요."

이것이다. 세이렌의 유혹은 바로 '내가 너를 모두 알고 있다'
는 것.

그 동안 얼마나 지난한 삶을 보냈는지 헤아려주는 세이렌의
노래 소리에 듣는 이는 정신 줄을 놓고 빨려 들어갔던 것이다.

돌이켜보면 나야말로 그랬다. 누군가 내 두 손을 잡고 따뜻
하게 위로해줄 때 숨겨진 설움들이 북받치곤 하지 않았던가?
네 삶이 버거웠을 거라고, 많이 어려웠을 거라고, 얼마나 힘들
었냐고, 알아주는 이 앞에서…….

내게 옷을 벗어 진찰을 청하는 환자들이야말로 의사라면 모
든 것을 알 것이라 믿고 의지하는 것이리라. 정녕 왜 그런 건지
병의 원인을 속 시원하게 알려 줄 능력은 없더라도 언제나 환
자의 아픔을 헤아려보는 노력만큼은 등한히 하지 말아야겠다.

기에요?

 초등학교 때 소문난 호랑이선생님이 있었다. 우리 아버지 연배의 그 선생님은 큰 키에다 검은 테의 도수 높은 안경을 쓰고 헛기침을 자주하였다. 그분은 잠시도 손에서 회초리를 내려놓는 법이 없었다. 오직 매만이 아이들을 바른 길로 이끈다는 것이 선생님의 소신이었다.
 6학년으로 올라가던 날 제발 담임선생님이 바뀌기를 밤새 기도했다. 하지만 아무런 보람도 없이 5학년 때와 똑같이 호랑이선생님의 반으로 배정되었다. 그리고 그해에도 역시 체벌의 나날이 이어졌다.
 폐품을 가져가지 않았다든지 수업시간에 떠들다가 걸려서 얻어맞은 건 그리 아프지 않았다. 하지만 억울하게 벌을 선 쓰라린 기억도 많다. 그중에서 1학기가 끝나는 날의 일이다.

선생님은 선심을 쓰며 이번 여름 방학엔 숙제를 내주지 않겠노라 공표를 했다. 우리들은 기쁜 나머지 입을 모아 "정말이요?"라고 환호성을 질렀다. 그러자 선생님의 기다란 얼굴이 온통 붉어지더니 손에 든 몽둥이로 교탁을 두드리기 시작했다. 그럼 선생님이 거짓말을 하는 줄 아느냐는 것이었다. 어른이 말씀하시는데 진위를 따지는 건 대단히 불손한 죄에 해당된다고 한바탕 호통을 치셨다.

우리들에게 도로 방학숙제가 잔뜩 주어졌고 학급생 모두 책상 위에 올라가 무릎을 꿇은 채 두 손을 들고 단체기합을 받았다. 그때 나는 정말이냐고 묻는 말이 고통을 가져온다는 점을 깊이 새겼다. 나중에 커서 누군가에게 사랑 고백을 받았을 때에도 영화 속 여주인공처럼 눈을 깜박거리며 정말이냐고 물어보질 못했다. 영원히 사랑한단 그 말들을 무조건 믿었다가 믿은 만큼의 상처를 입어야 했다.

그렇게 호된 교육 덕분에 나는 정말이냐는 말을 절대로 입에 올리지 않는다. 그런데 참 불공평하게도 거꾸로 그 질문을 자주 듣는다. 진료실에서 두 눈을 동그랗게 뜨고 정말이냐고 묻는 환자들이 많은 까닭이다. 그 중에서도 내 말이 끝나기 무섭게 "기에요?" 하고 후렴을 붙이는 사람들이 있다. 이들은 영락없이 조선족이다. 특히 연변이 고향인 사람들은 경상도 사투리와 비슷한 억양으로 말한다. 박경리의 ≪토지≫에 나오듯 경상도를 떠나 간도에 정착한 사람들의 후예란 생각이 절로

든다. 이들은 '기에요' 하면서 가운데 '에'자에다 악센트를 붙이며 길게 늘이는 특유의 억양을 가졌다. 그 소리는 내 귀에 꼭 이죽거리며 빈정대는 것처럼 들린다.

'아니, 이 사람이 속고만 살았나? 왜 자꾸 정말인가 확인하는 거지?' 한때는 나도 호랑이선생님처럼 와락 화가 치밀었다. 그렇지 않아도 의사소통이 어려워 설명을 여러 차례 해줘야 하는 조선족이 빨리 진료실에서 나가주었으면 하는 바람과 함께 우리병원엔 우리나라 환자만 왔으면 좋겠다는 편협한 생각을 하곤 했다. 오랜 경험 후에야 그네들이 공통적으로 그런 표현을 즐겨 사용한다는 것을 알게 되었다. 그러니까 사실 여부를 묻는 것이 아니라 내말에 대한 호응으로 장단을 맞추듯 "기에요?"라고 한다는 것을.

고향을 떠나 멀리 한국으로 일하러 온 조선족들은 그 무엇보다 건강에 관심이 많다. 아마 자신의 육체가 가장 큰 재산이기 때문일 것이다. 워낙 긴장을 하고 사는 터라 도통 아프지 않을 것 같지만 혹시 작은 통증이라도 느껴지면 예민하게 반응한다. 큰 병을 얻었을까봐 필요이상의 걱정을 한다.

오늘도 예쁘장한 연변 처녀가 찾아왔다. 사타구니에 멍울이 생겼다며 걸음을 절뚝거렸다. 식당에서 무거운 걸 들고 오래동안 서서 일했더니 통증이 심해졌단다. 말끝에 암이 아니겠냐고 조심스럽게 염려를 내비친다. 진찰해보니 서혜부 임파선염이다. 과로하거나 면역성이 저하될 때 임파선염은 흔히 생길 수 있다. 그녀에게 암과는 아무 상관이 없고 염증일 따름이라고 설명하자 어김없이 "기에요?" 하고 묻는다.

그렇다고, 사실이라고, 걱정하지 말라고 안심시켜도 몇 번이나 되묻는지 모른다. 다행히 나는 "기에요?"라는 그 불손한 말투에 더는 화가 나지 않는다. 오히려 더 확실하게 답해주려고 기를 쓴다.

고마운 점쟁이

 진료실을 들어서자마자 다짜고짜 "초음파를 봐 주세요."하고 주문하는 환자들이 있다. 월경 날짜로 미루어 임신이 아닌데다 특별히 불편한 증상도 없다면서 한사코 초음파 검사를 받겠다는 것이다.
 초음파 검사를 하면 난소 낭종이나 자궁 근종 등의 종양여부를 훤히 알 수 있으므로 누구에게나 유용한 검사인 건 사실이다. 하지만 의사가 초음파를 보자고 해도 경비가 든다고 거절하기 마련인데 자청해서 검사를 요구하니 의외라고 생각할 수밖에 없다.
 그런데 그런 경우 질병이 발견되었던 사례는 별로 없다. 지극히 정상적인 골반강 모양새를 보이는 것이다. 검사를 마치고 이상이 없다고 설명해주면 환자들은 안도하거나 고마워하기는커녕 되레 그럴 리가 없다고 의심하거나 다시 잘 봐달라고 조른다.

처음엔 참 이상한 환자도 다 있다고 의아해하다가 마침내 그들이 왜 그러는지 알게 되었다. 점을 보러 역술원에 갔더니 산부인과에 가보라고 했다는 것이다. 뱃속이 차가워서 불임이 될 거라는 예언이나 물혹이 생겼을 기라는 이야기, 더 나아가 암이 자라고 있을지 모른다는 이야기 또는 이미 임신 중일 것이란 점지를 듣고 왔다는데 어느 경우도 역술인의 점괘와 정확히 일치하는 예를 본 적이 없다.

하지만 정말 이상한 건 점쟁이의 예언과 맞지 않아도 환자들은 대수롭지 않게 생각한다는 점이다. 역술원에다 지불하는 금액은 의료보험 제도에 해당되지 않으니까 만만치 않은 비용이 들었을 것이다. 그럼에도 혹이 있을 것이라던가, 불임이 될 거라던가 더구나 암이라는 치명적인 진단명을 들었어도, 그것이 사실이 아니라고 해도 개의치 않는다. 만일 병원에서 있지도 않은 혹을 거론했다면 불끈 화를 낼 거면서 말이다. 환자들이 그렇게 대처하니까 역술인들은 그저 '아니면 말고' 하는 식으로 불특정인에게 불특정병명을 붙여주는 것 같다.

나야말로 사주팔자라던가 우주의 신묘한 기운 등에 관심을 갖는 사람 중의 하나다. 출근하면 조간신문을 펼치고 제일 먼저 '운세란'을 챙겨 보니 말이다. '하늘에서 해와 달의 위치가 좋아 꼭 당신의 힘이 아니어도 재수 좋게 잘되는 일이 많을 것입니다.' 이것이 오늘 나의 별자리 운세다. 이렇게 긍정적인 해석이 붙은 날은 어쩐지 하늘이 나를 보우해주는 듯이 느껴져 기운이 불끈 난다. 운세가 나쁘게 나온 날엔 매사에 조심하려고 애쓰고 반면에 운세가 터무니없이 좋게 나온 날에도 지나치게 좋은 건 무서운 일이라 생각하며 환자를 신중하게 보려고 신경을 쓴다. 그러므로 운세 보는 일을 내 일과에서 제외시킬 수가 없다. 그것이 조금도 들어맞지 않는다 해도 말이다.

또 해가 바뀌면 월간지의 부록으로 따라오는 가계부를 넌지시 구해 새해의 토정비결을 보곤 하는데 거기에 나오는 아름다운 시구에 매료되기도 한다. 예를 들어 '눈 속의 매화여, 너 홀로 봄빛을 띠고 있구나. 가뭄에 비가 내리니 그 빛 가히 새롭구나. 비록 위험은 있지만 마음을 상하지 않는다.' 이런 괘가 나오면 좋다는 건지 나쁘다는 건지 도무지 알 수 없어도 매화라는 은유가 어찌나 향기롭고 상쾌한지 새해에 대한 막연한 희망을 품게 만드는 것이다.

비단 토정비결뿐이랴. 주역을 풀어보는 일도 마다 하지 않는다. 우리 몸의 DNA 아미노산 숫자와 신통하리만치 동일한 주역의 64괘를 풀이하느라 한때 땀을 뺀 적이 있다. 동전 3개를 6번씩 던져 하나의 괘를 얻곤 하는데 곤坤-땅, 간艮-산, 감坎-물, 손巽-바람, 진震-벼락, 리離-불, 태兌-연못, 건乾-하늘의 8괘가 정해지는 이치가 신기하기 짝이 없다. 전문역술가는 평생을 바쳐 연구해도 깨닫기 어렵다는데 곁다리로 공부한 나로서 무

엇을 제대로 알겠냐마는 '배 밑에 물이 새니, 헌옷으로 틀어막도다. 종일토록 경계해야 한다.'라든가

'작은 여우가 거의 다 건넜다가 그 꼬리를 적시니 이로울 바가 없다.'와 같은 괘가 나오면 그것이 의미하는 바가 무엇일지 자못 궁금해진다.

내가 운세에 매료되는 건 거기엔 뻔한 현실 세계와는 달리 문학적 상상력이 듬뿍 담겨져 있기 때문인지도 모르겠다. 무엇보다 사람은 언제나 하늘을 두려워해야 한다는 겸손의 기본 구조가 마음을 당기는 것 같기도 하다.

요즘 우리나라 역술인 인구가 50만 명을 넘는다더니 우리 병원 부근에서도 서너 개의 새로운 간판이 눈에 띈다. 그렇다면 점집에서 산부인과 질환이 있다는 예언을 듣고 초음파 검사를 받으러 오는 사람들이 날로 늘어날지 모르겠다. 내겐 너무 고마운 역술인.

술이 석 잔 뺨이 세 대

 월요일 아침, 첫 진료 환자로 한주의 운세를 가늠하게 된다. 금주엔 단발머리의 예쁘장한 아가씨가 처음으로 진료실에 들어섰다.

 아직 어린 나이의 샛별같이 초롱초롱한 그녀는 곧 하늘이 무너지기라도 할 듯 얼굴에 수심을 가득 담고 있었다. 찌푸린 양미간의 걱정 보따리가 곧 터질 것만 같았다. 유방에서 뭔가 만져진단다. 엊저녁 목욕 중에 알게 되었다며 울먹였다.

 진료과목들이 점점 전문화되어가면서 산부인과에서 유방암 검진을 멀리한 지 오래이다. 유방암 발생률이 점점 높아지는 반면 진단은 상당히 어려워서 어설프게 진찰하다가 초기 암을 놓치면 큰 낭패라고 되도록 유방진찰은 피하라는 것이 선배들의 조언이었다.

하지만 이토록 시름 가득한 환자를 내몰 수는 없는 노릇이었다. 진찰대에 눕혀놓고 촉진을 해보니 그녀의 왼쪽 유방에서 만져지는 알맹이는 통통한 땅콩 알 크기였다. 자유롭게 움직이는 것으로 미루어 악성은 아닐 성싶지만 수술이 불가피해 보였다. 젊은 여성에게 많은 섬유성 낭종으로 짐작되었다. 차분하게 양성 송양이라고 설명해 주어도 그녀의 불안한 기색은 가시질 않았다.

"어떡하면 좋아요?" 다그치듯 묻기에 인근 외과를 떠올렸다. 한시바삐 그녀의 근심을 덜어주고 싶은데 종합병원에 간다면 예약에다 뭐다 또 여러 날을 기다려야 할 것이다. 마침 우리병원에서 세 블록 떨어진 곳에 유방 전문 클리닉이 있었다. 그곳 원장님을 만난 적은 없어도 환자를 의뢰하면 득달같이 팩스로 결과를 알려주어 고맙게 생각하던 병원이었다. 서둘러 의뢰서를 작성하여 환자에게 주어 보냈다.

오래지 않아 그녀에게서 전화가 걸려왔다. 알려 준 곳에 가봤으나 병원이 없다는 것이었다. 불과 두 달 전에 그곳에서 유방암을 진단해 준 환자가 있었는데 나야말로 귀신에 홀린 것만 같았다. 얼른 확인하고 알려주겠노라 답하자마자 그녀의 낭랑한 음성이 내 귀를 때렸다. "선생님 때문에 불필요하게 시간과 돈을 없앴으니 택시비를 물어주세요."

결국 그녀는 우리에게서 얼마간의 돈을 받아갔다. 그녀가 우리에게 카드로 결제한 진료비에 3배쯤에 해당하는 액수를 현금으로 가져간 것이다.

 내겐 막내딸보다도 어린 아가씨가 이렇게까지 당차게 구는 것이 서운했지만 내심 부끄럽고도 미안했다. 그만큼 의사의 말 한마디가 중요한 것일 테지. 중신을 어찌했는가에 따라 술을 석잔 얻어먹거나 **뺨**을 세대 얻어맞는다는 옛말을 생각해봐도 소개의 책임이란 막중한 것 같다. 나중에야 그 유방암 클리닉이 지방으로 이전했다는 사실을 알아냈다. 말도 없이 사라진 병원 덕에 한 주일을 씁쓸하게 시작한 것이 억울했지만 나는 이내 마음을 고쳐먹었다. 돌아다보면 내게 분에 넘치는 감사를 표현한 환자들, 해 준 것도 없는데 선물까지 안겨 준 환자들이 훨씬 더 많았으니까……

4부

영원한 구름 너머의 아버지께
죽고 싶어
네 번의 결혼
내가 사과를 먹지 않게 된 이유
우물쭈물 저 달님
최초의 환자
꽃의 주검
내 친구 무장공자
댓잎이 전하는 말
어머니의 보쌈김치

영원한 구름 너머의 아버지께

아버지!

그 곳 날씨는 어떤가요.

여기는 예쁜 단풍이 한창입니다.

어머니의 정성으로 빳빳하게 풀 먹인 새하얀 모시적삼이 선비처럼 잘 어울렸던 아버지는 주머니가 하나도 없는 수의를 입으신 모습도 단아하고 정갈했습니다.

하루걸러 비를 뿌리던 심술궂은 여름날도 피하고 사상 초유의 피해를 가져온 '매미'란 이름의 고약한 태풍도 다 물러간 가을, 소풍가기 꼭 좋은 그런 날을 택하여 아버지는 우리 곁을 떠나가셨습니다.

새 천년이 시작된다고 떠들썩한 해였어요. 건강관리에 철저했던 아버지는 그 날도 어김없이 저녁운동 길에 나섰다가 쓰러지셨지요. 뇌혈관 출혈이란 병의 원인이 젊은 시절 많이 태운 담배 탓이라 하면 그건 일종의 직업병이겠네요.

일제강점기와 해방기 그리고 한국전쟁을 겪으신 아버지는 당시 황무지라 할 수 있는 우리나라 영문학 발전에 토대가 되신 분이었어요. 내가 보고자란 아버지는 온종일 앉은뱅이책상 앞에서 꼬부랑글씨가 직힌 책과 씨름하고 계셨지요. 그런데 마침 아버지가 전공한 문학가가 영국이 인도와도 바꾸지 않겠다던 대문호 셰익스피어였으니 줄담배를 피우지 않고 배길 수 있었겠어요? 새롭게 도배를 해도 아버지 방의 벽지는 금방 궁궐처럼 황금색으로 물들고 하얀 문풍지는 니코틴이 배어 갈대밭처럼 보였지요. 그 노력의 결과로 1964년 우리나라 최초로 셰익스피어 전집 37작품을 완역한 학자가 되셨습니다.

번역문학의 어려움과 그 예술성의 한계에 대한 고충을 털어놓으시던 아버지는 자식들한테는 보다 실용적이고 현실적인 공부를 권하셨지요. 그래서 다섯 남매를 모두 의과대학에 보내느라 대학교수의 박봉으로 퍽 힘드셨을 거예요. 그런데도 아버지는 장학금 신청을 하러 나서는 내게 "애야, 너는 막내라서 견딜만하지만 우리보다 형편이 어려운 사람이 있을 것이야."라며 양보하길 유도하셨어요. 49년간 재직하셨던 동국대학교를 정년퇴직한 후에도 장학재단을 만들어 학생들을 후원하는 아버지를 이해할 수 없었습니다. 장학금이란 돈이 넘치는 사람들이 쾌척하는 것이지 아버지처럼 보일러 기름을 아끼시느라 방안에서도 오리털 점퍼를 입고 겨울을 나는 사람의 몫이 아니라고 생각했거든요. 그건 1922년 전라남도 영암에서 태어난 아버지가 서울대 문리대를 졸업하기까지 고학으로 고생한 고달픈 추억 때문이었겠지요.

그렇게 절약하여 키운 자식들이 모두 의사가 되고 배우자까지 합쳐 집안에 9명의 의사가 있건만 아버지의 병 앞에선 무기력하기 짝이 없었어요.

처음 중환자실에 입원해 계신 동안은 정말 마지막인줄로 알고 울기도 많이 울었습니다. 의사가 아닌 보호자로서 바라보는 병원은 황량하고 야속한 곳이었어요. 중환자실을 들어설 때마다 제일 먼저 느껴지는 불행의 냄새 때문에 잠시 호흡을 멈추곤 했지요.

양팔엔 수액제를 매달고 코에는 산소 줄을, 입에는 가래 뽑는 관을, 심장을 모니터 하는 전기 줄과 맥박 및 호흡을 감시하는 전선줄 등등 마치 아버지 몸에 스파게티가 엉겨 붙은 줄 알았다니까요.

다행히 막내딸의 눈물샘이 다 마르기 전에 쾌차하셔서 3개월 만에 집으로 돌아오셨어요. 뇌졸중의 후유증이 늘 그렇듯 거동이 몹시 불편하셨지만 어머니의 어깨와 지팡이에 의지한 채 스페인에서 열리는 셰익스피어 학회에도 참석하셨지요. 아버지는 우리나라에서 유일한 국제 셰익스피어 학회 정회원이면서 세계적으로 8명밖에 되지 않는 상임이사였기에 연설까지

하셨어요.

그리고 겨울이 오자 다시 쓰러진 후 영영 말씀도 식사도 못하게 되셨습니다. 하지만 평소에 말을 적게 하라는 교훈과 소식小食하라는 아버지의 절제론을 생각해보며 하릴없이 위안을 삼았습니다. 음식은 위장을 천공하여 튜브로 주입하고, 기관지에 관을 박아 숨을 쉬게 해드리는 최후의 방법이 동원되었지요. 마비된 사지를 마냥 주물러 보기도 했지만 자식을 오직 눈빛으로만 반길 수 있는 아버지를 위해 이 막내딸이 의사가 아니라 천하의 도사라 한들 무엇을 할 수 있었겠습니까?

그렇게 식구들에게 이별연습을 시키신 후에, 아버지가 안 계셔도 견딜 수 있을 만큼의 면역력이 생길 즈음 이승의 인연을 놓으셨지요. ≪티벳 사자死子의 서書≫에 적힌 대로 사후세계에서 보이는 많은 불빛 중 가장 밝은 빛을 따라 좋은 곳으로 가셨는지요?

가을 햇살이 따뜻하게 쏟아지는 충청북도 음성의 공원묘지에는 국화 향기가 그윽하고 고추잠자리가 뱅뱅 맴을 돌았습니다. 살아생전에 한시도 손에서 놓으시지 않았던 ≪셰익스피어 전집≫도 함께 묻어드렸답니다.

그러나 마음으로는 정녕 아버지를 떠나보낼 수 없었던 어머니는 유품들을 모두 모아 작은 문학관을 꾸렸습니다. 영국 스트래트포드의 셰익스피어 생가에 있는 문학관에 대해선 사람들이 익히 잘 알고 있지만 우리나라에도 있으리라곤 생각지 못한답니다. 보존보다 발전을 더 중시하는 사람들에겐 관심을 얻을 수 없었어요.

제가 태어난 동대문구 용두동의 집은 아버지가 돌아가신 곳이기도 하고 40년간의 번역작업이 이뤄진 장소이므로 기념관을 세울 만했어요.

본문보다 주석이 더 새까맣게 차지한 셰익스피어 원서와 번역 노트들, 번번이 번역이 마음에 들지 않는다고 세 차례에 걸쳐 개정판을 낸 전집들, 영국에 다녀오실 때마다 모아놓은 사진과 기념품들, 로렌스 올리비에가 열연한 ≪햄릿≫의 연극 레코드판 들을 진열하니 마치 생시의 아버지 방에 들어서는 것처럼 정겨웠지요. 빼곡한 책 사이사이에 아버지와 셰익스피어 두 분의 얼이 자리하고 넋이 흐르는 듯해서 숨도 가려 쉬곤 합니다. 어깨에 지고 다니고 싶으리만큼 소중한 아버지의 유품들인데 그건 우리 가족들만의 생각일까요?

하지만 1564년생의 셰익스피어는 너무 오래전 사람이라서 현대인에겐 인기가 별로 없다고 해요. 영문학과에서도 필수과목이었던 것이 넌지시 선택과목으로 바뀌었다지요. 우리가 공기 중의 산소를 소중하게 생각하지 않고 숨 쉬듯, 문학 속에 흐르는 셰익스피어의 가치를 잊고 마는가봅니다. 그곳에서 셰익스피어를 만나셨다면 함께 구경 오세요. 어머니의 성의에 그가 더 감동할 거예요.

언젠가 병실에서 밤을 새울 때 아버지의 잠꼬대를 유심히 들었더니 영어로 암송하셔서 매우 놀랐어요. ≪리어왕≫이었는데 한 막이 넘는 듯 길었어요. 그렇게 이승에선 공부만 하셨으니 이젠 부디 편안하게 쉬세요. 엄격했던 아버지였지만 유달리 예뻐했던 막내딸과 다시 만날 땐 리어왕이 셋째 딸 코델리아를 만난 듯 반갑게 맞아주세요.

죽고 싶어

 같은 이야기라도 정신과 의사인 친구의 입을 통해 들으면 더 의미 있게 들린다. 작은 못들이 자석에 줄줄이 딸려 가듯 친구의 음성은 우리의 귀를 끌어당긴다. 정신과 의사는 사람의 심리를 모두 꿰뚫는 것만 같아 신뢰와 기대를 갖게 한다.
 그렇게 공신력을 얻은 친구가 이따금씩 어이없는 소리를 한다. 자신이 만일 식물인간이 되어 목숨만 부지하는 상황이 되면 우정을 발휘하여 죽여 달라는 것이다. 한방에 갈 수 있는 염화칼륨이나 마취에 사용하는 근육이완제를 몰래 투여하는 것이 진정한 친구의 도리가 아니겠냐면서 안락사를 시켜주기를 우리에게 요구했다. 자신은 마지막 순간까지 인격을 인격을 유지하고 싶단다.
 몇 년 전, 간에 참외만한 물혹이 생겼다는 진단을 받은 후부터 만날 때마다 그 친구는 그렇게 섬뜩한 주문을 하더니 최근 중풍에 걸린 90세의 시모를 노인병원에 모셔놓고는 부쩍 죽음에 대한 화두를 꺼낸다. 요양병원에 가보면 말씀은 변사처럼 잘 하지만 이불 속에 기저귀로 감싼 하반신을 가린 노인들 모습에서 늙음과 육체의 쓸모없어짐에 대한 공포가 자꾸 커진다는 것이다.

아버지를 찾아온 병마의 이름도 중풍이었다. 뇌졸중으로도 부르는 그 병은 뇌손상 결과 감각도 없고 운동도 불가능해진다. 그때 나는 세상에서 가장 슬픈 단어가 마비란 걸 알았다. 외형은 어제와 다름없으나 기능을 잃어버린 육신은 아버지의 다정했던 몸짓들을 가둬버렸다. 전하고자 하는 뜻이 차단되고 따뜻한 감각이 두절되고 소통을 거절당한 채 더 이상 교감을 허용하지 않는 상태. 그 마비보다 더 무서운 낱말은 더 없으리라.

두 번의 쓰러짐 후에 마비를 겪는 아버지의 모습은 내게 충격이자 절망이었다. 날마다 조깅시간을 어기지 않고 건강을 챙기던 분, ≪햄릿≫의 대사를 영어로 줄줄 외우던 명석한 학자가 어떻게 걷지도 못하고 말씀도 못한 채 자리를 보전하고 누워계시기만 한단 말인가? 왼쪽 팔과 다리는 나뭇가지처럼 말라 뒤틍그러져가고 의사표현은 오직 고갯짓으로만 가능해졌다.

"100살까지 살 거죠?"

어쩌다 어머니가 질문을 던지면 아버지는 결연하게 머리를 위아래로 끄덕였다.

그건 너무나 아버지답지 않은 표현이었다. 그런 상태로 10년을 더 사시겠다니. 수명도 증여가 가능하다면 기꺼이 나의 몫을 도려내어 당신께 드리겠건만……

평소엔 호불호好不好를 좀처럼 표현하지 않던 아버지가 신체의 70%가 마비된 상태로도 오래 살겠다는 건 죽고 싶지 않다는 뜻일 것이다. 목적지를 모르는 나락으로 혼자 떨어지지 않겠다는 애절한 소망이었을 것이다.

'4월은 잔인한 달로 시작하는 T.S 엘리엇의 〈황무지〉에는 이런 제사題詞가 붙여 있다.

> 한번은 쿠마에서 나도 그 무녀가 조롱 속에 매달려 있는 것을 보았지요.
> 애들이 "무녀야 넌 뭘 원하니?" 물었을 때 그녀는 대답했지요.
> "죽고 싶어"

희랍신화에 나오는 쿠마의 무녀 시빌(sybil)에 대한 이야기이다. 시빌을 사랑한 아폴로는 그녀에게 소원을 말하라고 한다. 그녀는 한 움큼의 먼지만큼 오래 살게 해달라고 청한다. 그러나 젊음을 유지하게 해달라는 말을 하지 않아 오래 살았으되 그 나이만큼 늙어버린다. 수백 년간 늙어서 몸이 쪼그라들

대로 줄어든 시빌은 병속에 갇혀 동굴 천장에 매달린 채 그저 죽는 것이 소원이다. 그러나 죽음보다 못한 황무지의 삶을 연명한다는 것이다.

만일 시빌처럼 오래 살게 된다면 죽고 싶어질까? 과연 그럴까?

아버지가 돌아가신 지도 어언 7년이 지났다.

병약한 체질로 여든 둘을 채웠으니 그런대로 천수를 다한 것이라 믿고 싶다.

처음 아버지가 쓰러졌을 때 식구들은 저마다 마음의 준비를 했다. 당신의 성격상 가족에게 폐를 끼치면서 오래 앓아누울 분이 아니란 생각에서였다. 미국에 거주하는 두 언니들도 부랴부랴 귀국을 했다. 그 중 내과의사인 둘째언니가 내게 물었다.

"사인(sign)은 했니?"

무슨 서명이란 말인가?

미국에서는 말기암처럼 회복이 불가능한 환자가 응급상황에 처하게 되면 심폐소생술, 강심제 투여, 인공호흡기 설치 등 일체의 생명연장 의료행위를 받지 않겠다는 서류에 서명을 한다고 했다. 온전한 인간의 구실을 못할 바에야 차라리 죽도록 내버려 두라는 지극히 미국다운 정서를 드러내는 이야기였다.

"아니."

당시 한국에 그런 제도는 없었지만 설령 있다고 해도 서명 따위는 하지 않았을 것이다.

며칠째 혼자 꿈꾸는 듯 의식을 회복하지 못하는 아버지의 침상 곁에서 그런 말을 꺼내는 언니가 야속하기 그지없었다.

그 후에도 아버지는 두 차례나 더 심폐소생술을 받았고 인공호흡기 신세를 졌지만 마침내 걸어서 퇴원하였고 그로부터 4년 후에 우리 곁을 떠났다. 미국 방식대로 서명을 해두었더라면 얻지 못했을 시간인 것이다.

그 인정머리 없는 제도를 '연장치료거부' 혹은 '소생술 거부'라 부르며 우리나라에서는 2009년에 이르러 도입되었다. 환자나 직계가족이 미리 서명을 하면 임종 단계에서 자연스럽게 죽음을 맞도록 해주는 대학병원들이 늘어나고 있다. 환자에게 존엄사尊嚴死의 권리가 있다는 걸 점차 인정하는 추세이다.

대체 얼마만큼 살고나면 죽고 싶어질까?

한국사람 평균수명을 상회하고 나면? 한 움큼 먼지만큼의 세월을 살고 나면?

정신과 친구는 오늘도 통화 끝에 노인병원에 문병 다녀온 소감을 전한다. 노화의 서글픔을 강조하면서 부디 이성이 온전히 작동할 때 죽고 싶다고 토로한다. 그게 어디 뜻대로 되랴? 반면에 욕심이 한량없는 나는 시빌보다 더 오래 살고도 정녕 죽고 싶지 않을까봐 조금씩 두려워진다.

네 번의 결혼

 창가에 늘어놓은 초롱꽃 화분에 망울이 맺히는 이맘때면 청첩장이 많이 날아든다. 고개를 살포시 숙인 채 땅을 향해 피어나는 초롱꽃은 새 신부 같다. 하긴 그것도 옛이야기일 뿐 요즘의 신부들은 수줍음과는 그다지 상관이 없어 보인다. 여성의 권리가 커진 데에 그 원인이 있겠지만 예식 중에 웃으면 첫딸을 낳는다고 웃음을 금기시 했던 과거와는 달리 이제는 꼭 딸을 낳겠다는 각오처럼 함박웃음을 짓는 신부 일색이다. 나만 해도 그러다 첫 딸을 얻었으니.
 지난주에 참석했던 결혼식은 여러 가지로 특별했는데 예식 시간이 주말이 아닌 평일 오후란 점과 영국 황실을 방불케 하는 화려한 분위기 그리고 마술공연과 경품행사를 보여준 피로연 등이 결혼식 문화의 변화를 잘 보여주었다.

행복에 겨운 신랑 신부를 보면서 나는 엉뚱하게도 얼마 전에 읽은 미래에 대한 기사가 생각났다. 미래에는 결혼을 네 번씩 한다는 것이다. 물론 수명이 연장된 때문이겠지만 첫 번째는 환상으로, 두 번째는 경험을 위해서, 셋째는 아기를 갖기 위해서 그리고 네 번째는 사랑을 위해서 결혼을 한단다. 인생이 무엇인지 아는 시기에, 일방적으로 받으려고만 하는 이기심에서 벗어나 상대를 위해 무엇을 해야 하는지를 알고 헌신하려는 네 번째 결혼이야말로 진정한 결혼이라는 설명이었다.

그렇게 되면 가족관계가 무척 복잡해지리라는 우려와 함께 미래인이 은근히 부럽기도 했다. 한편 평소 궁금했던 사랑과 결혼의 상관관계에 대한 의문을 해소하는 대목이기도 했다. 내가 이상하게 생각했던 점은 '이루어진 사랑'과 '이루어 질 수 없는 사랑'의 차이였다. 남녀가 서로 만나 사랑해서 결혼하고 아이 낳고 살면 이루어진 사랑이고, 절절히 애끓도록 사랑했건만 하룻밤도 함께하지 못한 채 헤어지면 그건 이루어지지 않은 사랑일까? 그런데 왜 이루어진 사랑은 백년해로를 못하고 사랑의 결실인 아이들을 버린 채 갈라서는 일이 비일비재하고, 비록 이루지 못해도 죽음의 순간 상대의 이름을 부를 만큼 오랜 세월 사랑을 간직하며 살았다는 사람들의 이야기가 있는 것일까?

예를 들어 괴테의 ≪젊은 베르테르의 슬픔≫에서 베르테르는 유부녀 로테에 대한 감정을 이기지 못하고 권총자살을 하고

마는데 그의 사랑을 이루지 못한 것이라고 해야 할까? 베르테르는 로테와 처음 춤을 추었을 때 입었던 푸른 연미복과 노란 조끼를 입고 생일 날 로테에게 받은 분홍 리본과 그간의 편지들을 모아놓고 또 로테에게서 빌려온 권총에 입을 맞춘 후에 방아쇠를 당기고 만다. 그렇게 마음속에 로테를 가득 담고 로테로 치장한 채 죽은 베르테르는 사랑의 *실패자*일까? 오히려 사랑의 완결판처럼 보이지 않는가?

어제 온 환자만 해도 그랬다. 두 살 배기의 엄마인 그녀보다 더욱 기억에 남는 것은 그녀의 남편이다. 산전 진찰 때마다 동행한 그는 태아의 초음파를 함께 보기도 하고 임신에 대해 궁금한 점을 꼬치꼬치 물었다. 여자의 신발을 신겨주기도 하고 핸드백도 꼭 대신 들고 다녀서 아내사랑이 돋보이는 남편이었다. 또 그는 시도 때도 없이 병원에 전화를 걸어 산모의 배에서 태동이 줄었다느니 배가 푹 꺼졌다느니 하는 증상들을 늘어놓으며 괜찮냐는 질문을 해댔다. 회사에서 휴가를 내어 아내와 병원에 온다는 그 덕분에 요즘 젊은 아빠들은 상당히 가정적이라고 생각하게 되었다.

그랬던 그녀가 2년 만에 모습을 나타내어 그동안 이혼했다는 소식을 전했다. 남편에게 다른 여자가 생겼다고 했다. 그렇게도 유별나게 아내와 뱃속에 있는 아이까지 챙기던 남자가 그럴 수 있을까 의아해하며 멍하니 환자를 바라보았다. 하긴 요즘처럼 이혼이 다반사인 세상에 놀랄 일이 아닌지도 모르겠다.

  대조적으로 어머니 세대에 대한 생각이 떠올랐다. 지난 오월에 오라버니 내외와 남편 그리고 조카와 함께 모처럼 어머니를 모시고 팔당 장어구이 식당에 갔다. 외식을 유달리 꺼려하는 어머니였지만 어버이 날이라고 억지로 모시고 길을 나섰다. 식사 중에 카네이션을 가슴에 달아드리자 뜻밖에도 "자식들 키운 건 아버지와 함께였는데 이제 혼자 효도를 받아 죄스럽다."면서 눈가에 물기를 내비치셨다. 아버지가 떠나신지 7년이 넘었건만 자식 앞에선 오로지 아버지 생각만 나시는가 보다. 카네이션 꽃에 맺힌 이슬처럼 영롱한 어머니의 눈물방울을 보면서 결혼의 의미란 정녕 이런 것이 아닌가 생각이 들었다. 네 번씩 결혼하는 미래엔 어떨까?

내가 사과를 먹지 않게 된 이유

어릴 땐 사과 때문에 우쭐해진 적이 많았다. 사과를 잘 깎았던 덕분이었다. 껍질을 얇게 깎는 재주도 있었지만 손님상 접시에 예쁘게 진열하는 솜씨를 발휘했다. 사과를 6등분 한 다음 토끼 귀 모양으로 빨간 껍질을 남겨놓으면 더 먹음직스러워 보였다. 벗겨진 사과는 쉽게 변색되었으므로 살짝 소금물에 담갔다 꺼내는 과정도 잊지 않았다. 과일 접시를 들고 손님 앞에 나가면 보는 이마다 칭찬을 하며 이담에 시집가서 잘 살겠다고 덕담을 건넸다.

뿐만 아니라 나는 맨손으로도 사과를 잘 잘랐다. 꼭지가 달린 윗부분에다 손톱으로 금을 내고 엄지에 힘을 주어 가르면 절반이 나뉘었다. 또다시 반으로 나누면 균등하게 4조각이 되므로 칼이 전혀 필요치 않았다. 사과를 손으로 잘 자르면 연애를 잘한다는 말을 듣고 실력을 연마했는지도 모른다.

 무기질이 많은 사과는 '아침에 먹으면 금, 점심엔 은, 저녁엔 동'이라고 해서 아침밥 대용으로 먹고 출근하기도 했다. 요즘은 치매를 예방하는 물질이 들어 있다고 사과예찬이 더 커졌지만 사과가 느닷없이 싫어진 건 10년 전이다.

 개원 초엔 점심시간을 따로 정하지 않고 진료를 했는데 식사 중에 젊은 남녀가 다급하게 병원에 들어섰다. 스키장에서 오는 길이란다. 초보자인 여자가 스키를 타고 높은 곳에서 하강하다 나무에 부딪혀 외음부가 몹시 아프다고 했다. 중요한 곳을 다친 것 같다고 걱정이 가득했다.

 진찰을 받기위해 그녀가 옷을 벗기 시작했을 때 간호사와 함께 나도 모르게 잔뜩 얼굴을 찌푸리고 있었다. 진찰실 가득 악취가 풍겼기 때문이다. 여성에게서 질염이 심한 경우 생선 썩는 냄새가 난다고 표현하지만 그녀의 경우 그 말로는 부족했다. 수족관의 모든 물고기가 동시에 썩으면 그런 냄새를 풍길까?

 스키를 타다 다친 곳의 상처는 대수롭지 않았다. 불두덩에 생긴 혈종 정도였다. 하지만 그녀의 염증은 예사롭지 않았다. 악취를 일으키는 원인균은 임질과 트리코모나스, 헤모필루스 등등인데 이 모든 세균이 죄다 검출될 성 싶었다. 그녀에게 물어보았다.

 "염증이 이렇게 심한데 남자 친구가 뭐라고 하지 않나요?"

 그러자 그녀가 눈을 깜빡거리며 자랑스럽게 대답했다.

"아, 저요? 저한테서 사과향기가 난대요."

페로몬과 질병의 냄새를 구별 못하는 청춘남녀가 참으로 어처구니없었던 그날부터 나는 사과가 먹기 싫어졌다. 사과를 떠올리면 그때의 냄새가 주는 폭력성을 느낀다고 할까? 우리의 오감 중에서 후각이 가장 기억과 직결된다더니 정말 그 일은 영영 잊히지 않는다. 그래서 어떤 사람은 난동을 피울 때 상대의 얼굴에다 달걀과 함께 액젓을 투척하는가 보다. 새해엔 모쪼록 향기 나는 삶을 살고 싶다.

우물쭈물 저 달님

"최근의 일식과 월식은 불길한 징조다."

셰익스피어의 《리어왕》 1막 2장에 나오는 글로스터 백작의 대사이다. 그는 서자 에드몬드의 농간으로 역모 죄를 뒤집어쓰고 두 눈이 뽑히게 된다. 이 처참한 장면은 두 딸에게 박대를 당하고 광야를 떠도는 리어왕의 모습과 함께 비극의 최고조를 이룬다.

자연 현상의 하나인 일월식을 불길한 징조로 여길 만큼 안목이 없었기에 백작은 그리도 무서운 형벌을 받아야 했는지 섬뜩한 느낌이 들지만 이 때문에 진실을 제대로 보아야 한다는 이 작품의 주제가 더 잘 와 닿기도 한다.

이따금씩 나타나는 일식은 자연스런 천문현상의 하나라고 하지만 언제나 신기하다. 2009년 7월 22일, 21세기 들어 가장

긴 일식이 나타난다고 떠들썩했다. 우리나라에서 볼 수 있는 규모로는 61년 만에 최대라고 했다.

진귀한 장면을 놓칠 수 없어 문방구에서 셀로판지를 구입했다. 태양의 찬란한 광휘를 맨눈으로 쳐다보면 그 불경스런 죄 때문에 실명을 한다던가? 어릴 땐 양손으로 얼굴을 가리고 손가락 틈새로 살짝살짝 해님을 쳐다보며 혼자 놀던 기억이 있지만 언젠가 부턴 하늘을 올려다 볼 겨를도 없이 바삐 달려온 것 같다.

요즈음 시청률이 상승하는 드라마 ≪선덕여왕≫ 중에도 일식이 중요한 소재로 다뤄진다. 미실공주는 중국에서 천문지식을 빌어 와 일식을 예견하면서 무지한 백성들에게 절대적인 천신황녀天神皇女로 군림한다. 지략가인 그녀는 자신의 권력을 키우는 데에 일식을 교묘하게 이용한다. 마찬가지로 훗날 선덕여왕이 되는 덕만도 일식 덕분에 쌍둥이로 태어나 버려졌던 운명을 극복하고 공주의 자리에 설 수 있었다. 그러나 그녀는 미실과는 대조적으로 첨성대를 세워 백성들 모두 천문지식을 공유하고 농사에 응용할 수 있도록 선정을 베푼다.

오전 9시 35분부터 시작된다는 일식을 보려고 녹색 셀로판지를 여러 겹 포개어 눈에 대고 하늘을 올려다보았다.

놀랍게도 태양빛이 달에 가로막혀 있었다. 수줍기만 하던 달이 어이없게도 태양의 광휘를 덮고 있어서 해님은 초승달 모양이 되어버렸다. 그걸 '초승해'라고 불러야 하나?

그날의 일식은 무려 2시간 반이나 지속되었다. 평소와는 달리 태양은 무기력하게 그의 위력을 잃었고 달의 횡포에 무방비 상태였다. 나는 혼돈에 빠져들었다. 달이, 저 달이…….

달이 그럴 순 없는 일이다.

태양의 은총을 받은 달, 그의 사랑을 듬뿍 받아 지구에 빛을 되 쏘이는 달. 그 달이 감히 태양에게 폐를 끼치다니…….

하지만 달에게 물어보면 자신은 오직 스스로의 궤도를 돌고 있을 뿐이라고 말할 것이다.

아주 오래 전 초보 운전 시절에 가벼운 접촉사고를 일으킨 적이 있었다. 대학로 뒤의 좁은 골목에서 운전하던 나는 차선을 잘 지켰는데 그리고 상대방도 그랬다는데 그만 커브 길에서 부딪히고 말았다. 지금은 얼마든지 이해할 수 있지만 젊고 어리석은 나는 잘못한 것이 하나도 없다고 박박 우기다가 경찰서까지 가게 되었다. 경찰은 사건의 전말을 들어보더니 솔로몬처럼 쌍방과실이란 현명한 판결을 내려주었다. 결국 차량의 손상은 각자 해결하기로 합의를 하고 헤어졌는데 몹시 억울했지만 문득 깨달은 바가 있었다. 내 차선을 잘 지켰다고 해서 그게 최선이 아니었음을. 인생의 길은 더러 비켜서거나 양보해야 한다는 것을.

언제나 나의 궤도만 잘 간다고 해서 당당한 건 아닐 거라고. 세상이치를 잘 판단한다면 더러 궤도에서 이탈도 하고 멈추기도 하는 지혜와 현명함이 필요할 거라고. 내 할 도리를 다했노라 박수치는 것이 최선이 아니라고 생각하게 되었다.

달님도 억울할 것이다. 의도하지 않았는데 그만 해님을 가리는 불상사가 생겨난 것이. 그래서인지 그날의 달빛은 우물쭈물, 엉거주춤, 어색해 보였다.

우주 만물을 우리는 낮과 밤, 해와 달, 물과 불, 하늘과 땅, 남과 여, 강약, 고저 등 음양의 조화로 설명한다. 서로 상반된 성질을 가진 두 가지가 균형을 이루며 공존하는 것이다. 하지만 한낮의 권좌를 차지한 태양에 비해 밤의 여왕인 달은 턱없이 왜소해 보인다. 그래서 달이 태양의 빛을 가리는 건 몹쓸 일처럼 느껴진다. 마치 남자에게 여자가 대적해선 안 된다고 교육받아 온 것처럼.

그날의 일식을 보면서 혹여 나를 이끌어주고 빛나게 해주었던 누군가의 광채를 덮는 사람이 될까봐 두려웠다. 또 날 사랑하는 이의 뜻을 한순간이라도 저버리는 슬픈 일이 생길까봐 걱정이 되었다. 우물쭈물하던 저 달의 민망함이 고스란히 내 안에 들어찼다. 그러기에 얼마나 더 많이 조심하며 살아야 할 것인가?

최초의 환자

83년간의 생애동안 그분은 마지막 3년 동안만 환자로 지냈다. 어느 겨울날 산책길에 쓰러지기 전까지는 건강의 화신이라 불러도 좋았다. 시계추처럼 정확한 생활습관으로 철저히 건강관리를 한 결과였다. 아침저녁으로 걷기 운동을 빠뜨리지 않았고 음식도 까다롭게 골라 자연식 위주로 식사를 했다. 적당한 키에다 마른 체형이 조화로워 보기 좋았고 꼿꼿한 허리와 형형한 눈빛은 세월이 보태져도 조금도 변하지 않았다.

내게 깊숙이 박혀있는 그에 대한 기억은 회색빛 머리카락과 실크처럼 고운 피부였다. 흰 건반과 검은 건반이 어우러진 피아노처럼 흑백이 우아하게 뒤섞인 머리카락은 지성미를 더해주었다. 매끈한 피부는 혈관주사를 놓기 위해 손을 잡아 볼 때마다 절로 감탄이 나오리만큼 고왔다. 세파에 초연한 채 울타리 안에서 책만 읽은 선비님의 손이었다.

 12월의 그믐달이 모과나무 가지 위에 가녀리게 걸리고 컹컹 진돗개 짖는 소리가 울리는 한적한 밤이었다. 현관문에 들어섰을 때 나는 얼마나 놀랐던지 지구가 멈춰버린 줄 알았다. 미루에다 말리던 메주가 어지러이 흩어져 있었는데 거기서 풍긴다고 생각하기엔 너무 역한 냄새가 온 집안을 가득 채우고 있었다. 늙은 호박들도 아무렇게나 뒹구는 모양이 흡사 누군가 레슬링을 한판 벌인 듯 했다. 방문을 열어보고 나서야 사태를 짐작할 수 있었다. 길가에 쓰러진 그를 어렵사리 옮겨와 배설물이 뒤범벅인 옷을 벗기고 자리에 눕혀 놓았다는 것이다. 이마에 깊은 주름을 만들고 천장을 응시하고 있던 그는 내가 누구인지 알아보질 못했다. 언제나 많은 것을 담고 있던 짙은 밤색 두 눈동자는 한 곳에 고정된 채 눈을 맞추려는 나의 노력에도 아랑곳하지 않았다. 그의 의식세계는 다른 곳으로 떠난 것 같았다. 덮인 책을 읽어야 한다면 이런 느낌이 들까? 그 순간 나는 아버지가 아닌 한 명의 환자와 대면하게 되었다. 80번째 생일을 하루 앞둔 노인 두 분이 거처하고 있는 전원주택을 찾아간 날의 일이었다.

 의사라고 해도 전공하는 분야에 따라 환자를 생각하는 태도에 차이가 있을 것이다. 나는 산부인과 의사이다 보니 희망에 가득 찬 젊은 엄마들의 출산을 도와주는 일이 주된 업무였다. 배가 아프다고 고래고래 소리를 지르고 발버둥을 쳐도 한순간

'응애'하고 아기가 태어나면 언제 그랬느냐는 듯이 함박웃음을 짓는 산모들을 날마다 여러 명씩 상대하였다. 그들을 결코 환자라고 부를 수는 없었다. 환자는커녕 도리어 넘치는 생명의 기운을 주기 때문에 내겐 활화산과 같은 에너지원이었다.

비단 산모뿐 아니라 자궁외임신이나 난소의 물혹 같은 환자의 경우는 망가진 시계를 고치는 기술자나 부서진 건물을 다시 세우는 건축가처럼 수술만 잘 하면 극적인 결과를 내보일 수 있었다. 손에 박힌 가시를 후련하게 뽑아주듯 으스대는 태도로 진료에 임했던 것 같다. 또한 자궁암 말기나 진행된 난소암처럼 위중한 병을 앓는 이들을 만났을 땐 검투사처럼 병과 맞서 싸우는 데에만 의미를 두었을 뿐이다. 병원을 찾는 이들의 심정이 어떨지 고려해 보지 않은 채 의사로서의 소임에만 몰두했던 것이다.

그랬던 내가 바로 눈앞에 쓰러져 누운 아버지를 본 그 날부터 사람이 아프다는 게 무엇인지 새롭게 생각하기 시작했다. 의사 면허증을 따고도 16년 만의 일이었다.

그날 밤 아버지를 가까스로 내 작은 차에 태워 대학병원 응급실로 향했다. 얼마나 복잡한 수속을 거친 후에야 침대 하나를 간신히 얻었던가? 그 침대를 이리저리 밀고 다니며 얼마나 많은 검사를 받아야 했던지 또 얼마나 오랜 시간을 초조하게 대기해야 했던가. 처분만 기다리는 힘없는 보호자의 입장이 되고 보니 높고 큰 대학병원의 콘크리트 건물이 오직 위엄과 단

절로 지어진 것처럼 보였다. 희미하게 새벽이 다가올 올 무렵에야 간신히 입원 허락을 받았다. 중환자실에 옮겨진 후에도 진단명을 알기까지는 또 하루가 걸렸다. 우리나라에서 암 다음으로 높은 사망원인을 기록한다는 뇌졸중이라고 했다. 대뇌 전두엽을 지나는 뇌혈관 일부가 파열되었단다. 그 결과 아버지는 왼팔과 오른다리를 비롯한 신체의 절반이 마비되었고 의식은 여전히 깊은 꿈속을 헤매고 있었다. 기적적으로 깨어나기까지 병원 신세를 지던 4개월 동안 누군가 아프다는 건 환자 개인만의 일이 아닌 걸 알게 되었다. 아픈 이 주위에 근심의 그림자와 우환의 먹구름이 넓게 드리워져 갔다. 그러기에 병원 문을 드나드는 이들의 이마에 덮인 수심의 너울은 결코 숨기지 못하지 않던가.

집안에 환자가 생긴다는 것, 더구나 가장이 아프다는 것은 지진에 나무가 송두리째 뽑혀 뒤집어진 것처럼 큰 사건이었다. 식구들 저마다 개인의 삶을 양보하고 병실을 지키는 일에 주력해야했다. 생활이 온통 환자를 중심으로 돌아갈 수밖에 없었다.

이렇게 식구가 아픈 후에야 비로소 병이 얼마나 무서운지 알 것 같았다. 더러 스스로 아파 본 후부터 세상이 달리 보였다고 말하는 사람들을 여럿 보았다. 여태까지는 크게 아파본 일이 없는 나로서는 미처 알 수 없었던 또 다른 세상이 있는 것 같았다. 단지 아버지의 병환 앞에서 한없이 무기력했지만 그 이전과는 달리 환자를 다른 시각으로 볼 수 있는 계기가 된 것은 커다란 의미였다. 한강변을 걸으며 물이란 단지 흐르는 것이란 단순한 생각뿐이던 내가 물속에 어떤 물고기가 노니는지 혹은 어떤 수초가 사는지 깊숙이 들여다 본 것처럼 환자에 대한 시각이 달라진 것이다.

  이 세상에 태어나 그 누구에게보다 큰 애정을 품게 했던 아버지가 내 최초의 환자가 되어 준 것은 그만큼 좋은 의사가 되라는 뜻이었으리라. 병상에 누워 계셨던 3년간 막내딸에게 많은 걸 느끼게 해준 아버지를 새삼 추모하는 날이다.

꽃의 주검

저녁 산책로에 갖가지 꽃들이 피어있다. 한강변으로 이어진 길이 갈 때마다 새롭게 느껴지는 건 꽃들이 매일 변모하기 때문일까? 여름의 끝자락까지 굳건하게 꽃을 피우는 무궁화가 늠름하게 도열하고 있다. 지나칠 때마다 거수경례를 하는 무궁화는 도무지 더위라곤 모르나 보다.

식물들은 사람과는 딴판으로 살고 있으려니 생각했었는데 내 세상에 그들이 깊숙이 들어온 건 마르셀 프루스트의 ≪잃어버린 시간을 찾아서≫를 읽고 나서부터였다. 일생동안 하나의 작품에만 몰두하여 불멸의 작가가 된 프루스트의 소설 속에는 무수한 꽃과 풀, 나무가 등장한다. 프루스트는 날마다 살롱에서 파티만 즐겼다고 하지만 그의 자연에 대한 관심과 과학적 탐구심이 예사롭지 않았나 보다. 아가위나무, 쥐손이풀, 헬리

오트로프 등등 여느 곳에선 보지 못했던 식물 이름들을 보며 놀란 적이 많았다.

프루스트를 읽은 후부턴 꽃잎 하나, 풀포기 하나, 나무 둥지 하나가 심상치 않게 다가왔다. 우리 인간의 숫자보다 훨씬 많은 저 식물들도 사람들이 저마다 관심을 원하듯 어쩌면 내 눈길과 관심을 바라는 건 아닐까?

타박타박 길을 걸으며 꽃들과 눈을 맞춘다. 이 계절엔 무궁화와 능소화가 한창이다. 이 두 꽃 사이엔 극명한 차이가 있다. 아름다움이 가히 하늘을 능멸한다는 능소화는 활짝 핀 통꽃 그대로 떨어진다. 최고의 순간에서 최후를 맞은 것이다. 능소화는 피어있을 때에나 죽었을 때에나 똑같다는 점에서 아름다움의 영원성을 상징하곤 한다. 그와는 대조적으로 무궁화는 돌돌 말린 채 땅에 떨어져 있다. 나팔처럼 활짝 핀 모습은 온데간데없이 스스로 자신을 감싸 안고 한 토막 주검이 되어 있다. 그 모습은 가지런히 염을 한 시신처럼 보인다. 내가 염습한 주검을 최초로 본 것은 아버지 장례 때였다. 입관을 앞두고 마지막 이별인사를 나누었을 때 노란 삼베로 온몸을 감싼 아버지의 정갈한 모습이 어쩌면 그리 편안해 보였을까? 생전의 단아한 아버지를 그대로 보는 것 같아 낯설지 않았다. 모쪼록 세속에 초연하고자 애쓰며 살았던 평소 아버지의 모습 그대로였다.

산책로 바닥에 무궁화꽃이 수북이 떨어져 있다. 저마다 몸을 단정하게 여미고 흐트러짐 없이 마지막을 완벽히 정리한 무궁화의 주검은 마치 새로운 세상으로 떠나려는 차림새로 보인다. 무궁화 저 꽃은 마지막을 알고 대비하고 있었던 걸까?

  책상 서랍을 정리하면서 무궁화를 떠올린다. 내가 죽고 났을 때 남은 이들에게 불필요한 오해를 불러일으킬 소지가 있는 편지들, 일기들 또는 은행 통장들을 없애비겨야 할 것 같다. 내가 언제, 어디서, 어떤 죽음을 맞게 될지 조금도 예측할 수 없다. 다만 내 마지막은 목련화처럼 어질러지지 않고, 벚꽃처럼 흐트러지지 않고, 능소화처럼 현란하지도 않고 꼭 무궁화처럼 단정하게 갈무리할 수 있으면 좋겠다.

내 친구 무장공자

 전업주부가 아닌 나에게 주부 역할에 충실하기를 원하는 남편은 내겐 묻지도 않고 손님들을 초대한다. 퇴근이 이른 토요일엔 접대 준비로 분주한 날이 많다. 나는 총 맞은 토끼처럼 가락시장을 종횡무진 뛰어다니곤 한다. 집에서 밥을 먹으면 식당에서보다 친밀감과 유대감이 커지고 주위가 조용한 만큼이나 마음속 깊이 정감이 스며든다. 하긴 함께 어울려 먹는 것보다 더 좋은 일이 또 무엇이 있으랴!
 지난 번 아버지 장례 삼일동안 한 번 이상 문상을 오고 또 멀리 떨어진 장지까지 따라와 준 한 무리의 남편 친구들은 우리 집 식탁에서 자주 보던 얼굴이었다. 고인의 길을 밝혀준 이들에게 진심으로 고마운 마음이 드는 한편 '밥상머리에서 인심난다' 는 옛말을 실감하게 했다.

식사대접이라고 해서 뭐 대단한 것을 준비하는 건 아니다.

사람들은 자연산과 무공해, 유기농이란 단어에 매우 안심하며, 같은 먹거리라도 의미를 하나씩 붙여 주면 좋아한다. 이를테면 친정어머니가 옥상에서 손수 키운 상추라든가 미군부대에 다니는 환자가 피엑스에서 사다준 쇠갈비, 검단산까지 가서 일부러 사온 개구리 호박이라 설명을 붙이면 어쩐지 음식 맛이 두 배가 맛있는 듯 반긴다.

그중에서도 내가 특히 좋아하는 재료는 게이다. 비록 봄 한철이 제때이긴 하지만 게장을 담가두면 제법 오래 먹을 수 있고 경험에 비추어 게를 싫어하는 사람을 본 적이 없다.

게에는 4가지 악덕惡德과 선덕善德이 있다.

첫째 악덕은 창자가 없다는 점이다. 겉에는 갑옷을 둘렀으면서 속은 비어 무장공자無臟公子라 부른다. 겉치레나 하고 줏대나 소신이 없는 사람을 빗대어 말할 때 쓴다. 둘째는 게걸음을 친다는 말처럼 언행이 빗나가고 진보가 없음이다. 셋째로 매사를 사특하게 본다고 해서 의망공倚望公이란 별명이 붙었고, 넷째는 '독 안의 게'란 말처럼 남을 헐뜯고 끌어 내리는 속성이다.

반대로 게의 선덕 중의 첫째는 예지력이다. 큰물이 진다거나 가뭄이 오면 게는 미리 이동을 한다. 둘째로 충성심과 효성인데 벼 벨 무렵이면 이삭 두 개를 물어다 저희들 어른에게 바치기까지 한다. 셋째는 저보다 큰 짐승한테도 집게를 쳐

들고 대든다는 그 용기이다. 호랑이가 게를 보고 도망쳤다는 인도 전설이 있고, 불경에는 코끼리와 싸워 이긴 게 이야기도 있다. 넷째 선덕이 바로 맛이다. 그의 깊은 맛을 기억하는 공자는 해마다 게장 담가 먹기를 거른 적이 없었단다.

한편 게의 의학적인 가치는 껍질에 함유된 키토산에 있다. 이 성분은 콜레스테롤을 낮추는 효과와 항암작용이 있고 혈압을 억제하고 중금속을 해독하는 능력을 가졌다. 또한 면역성을 높인다고 하니 만병통치약이 아닐까?

또 다른 장점이라면 게의 독특한 외모이다. 곤충 같기도, 자동차 같기도 한 게 모양은 어린아이조차 한번 보면 절대 잊지 못한다. 더욱이 게 껍질을 깠을 때 담겨진 주황빛 알은 얼마나 탐스럽고 아름다운지 호박이나 산호보다도 한결 귀한 보석처럼 보인다. 그것은 바다를 몹시 사랑한 게가 타오르는 열정을 간직하고 깊이 가라앉을 때 사랑이 농축된 빛깔일 것이다. 만약 승화된 사랑을 꼭꼭 숨겨야만 할 일이 생긴다면 내 가슴은 저녁노을처럼 암게의 무르익은 알 색깔로 물들 것 같다.

반면에 게는 분란을 일으키는 소질이 있는데 적게는 게장 껍데기에 누가 밥을 비벼 먹을 것인가 하는 분규로부터 크게는 꽃게잡이 어선이 북방한계선(NLL)의 분쟁을 야기하고 서해교전과 같은 비극을 낳기도 한다. 또한 해마다 몸값이 치솟는 것도 큰 단점의 하나이다.

게 중에는 동해에서 잡히는 털게도 맛있고, 영덕대게도 유명하며, 알라스카의 킹크랩도 알아주지만 서해안의 꽃게가 맛에서는 단연 으뜸이리라. 하얀 속살은 담백하고 부드러우며 달콤한 감칠맛을 가지고 있고 노란 알덩어리는 쫀득쫀득하고 고소하기 이를 데 없다.

얼마 전, 무장공자가 사는 서해안에 유조선 충돌 사고가 났다. 원유를 운반하던 배에서 유출된 기름은 악마의 피처럼 검게 바다를 뒤덮었다. 바다에 이보다 더 큰 재앙은 없을 것이다. 히틀러가 사람을 가스실에 보냈듯 생명의 바다를 질식시키는 가공할만한 사건이었다. 언제나 모든 걸 포용하고 용서하는 것이 너른 바다라 하지만 이런 재난은 분노를 일으키고야 만다. 이러한 환경오염과 생태 파괴는 서서히 우리의 먹거리를 앗아가고 있다. 언젠가는 삶의 터전도 모두 잃을지 모르겠다.

댓잎이 전하는 말

 오랜만에 주말여행을 떠났다. 초복의 이글거리는 태양을 식히려는 듯 폭우가 쏟아져 내리는 토요일 오후였다. 사돈과의 약속이 아니라면 당장 취소할 만큼 악천후였지만 정중하게 초대해준 내외분의 모습을 떠올리니 지진을 무릅쓰고라도 길을 나서게 되었다.
 시야를 가리며 퍼붓는 장대비는 나날이 성정이 사나워지는 지구를 돌아보게 했다. 여름비라면 황순원의 〈소나기〉 정도의 어린 시절 추억에 젖어들게 하는데 '국지성 게릴라 폭우'라고 섬뜩하게 표현되는 요즈음의 도깨비 비는 환경 파괴와 같은 말로 들린다.
 목적지는 전라남도 담양이었다. 며느리의 친정은 할머니 대부터 한식당을 이어왔다고 한다. 아들과는 미국 유학 중에 만나

이뤄진 혼사였기에 어른들의 역할은 거의 없었다. 처음 방문하는 사돈의 집이다 보니 조심스러운 마음과 설렘이 함께 했다. 거기에다 나는 호기심을 하나 더 갖고 있었는데 '사돈이 땅을 사면 배가 아프다.'는 말의 근거를 찾아보려 했다. 무엇 때문에 인간의 시기심을 적나라하게 드러내는 이런 말이 공론화되었는지 그만큼 사돈이란 경쟁의 대상인지 확인하고 싶었다.

질녀 중에는 나를 가리키며 "꼭 막내이모처럼 될래요." 라며 일반대학 졸업 후 의과대학에 다시 들어가 산부인과를 전공하는 아이가 있다. 그녀에게 주말농장이 생겼다. 내겐 사돈뻘인 그녀의 시부모가 양평에 텃밭을 마련한 이후에 푸성귀뿐 아니라 감자, 고구마 등의 소출을 무진장 안겨주었다. 그래서 사돈이 땅을 사면 과식하게 되어 배가 아픈 것으로 해석했다.

복통을 일으키는 병에는 맹장염 같은 염증이나 위궤양처럼 상처가 생기거나 간암 같은 종양이 있다. 운동성의 문제인 위경련과 돌멩이가 생긴 담석증도 심한 통증을 일으킨다.

만일 특별한 질병이 없이 배가 아프다면 심인성 복통이라 부른다. 마음에서 아픔이 생겨난 것이다. 신경 말단에서 통증 유발 물질이 분비될 정도라면 그만큼 심리적인 자극이 컸을 것이다. 그래서 사돈의 땅이 남의 배를 아프게 만드는 이유를 꼭 알고 싶었다.

장맛비 속에서 고속도로를 달리는 승용차는 잠수함 같았다. 윈도우 브러시를 바삐 작동시켜보아도 보이는 건 비와 안개뿐이라 감히 속도를 낼 수 없었다. 옆 차선에서 이따금씩 물대포를 쏘아 댈 때마다 잠수함이 뒤집어지는 걸 막으려고 나도 모르게 엉덩이에 힘이 들어가다 보니 평소보다 몇 배나 피곤했다. 동행한 시어머니와 남편도 잔뜩 긴장하고 있었다.

다행히 중부지방을 지나면서부터 먹빛 하늘이 개었다. 운전대를 움켜잡던 어깨에 힘을 빼니 그제야 여름정경이 눈에 들어왔다. 도로 주변엔 작약꽃이 함박웃음을 뿜었고 논둑에는 목백일홍木百日紅이 등대처럼 불을 켜고 있었다. 진분홍색 그 꽃이 세 번 피고 지는 사이 벼이삭이 영글어간다더니.

4시간 후에 전라도 땅에 닿았다. 담양潭陽이란 이름에 꼭 맞도록 맑은 햇살이 내리쬐고 있었다. 서울의 공기를 삼베 여과지에 몇 번 통과시키면 이리도 맑게 정화될 수 있을지, 서울 하늘을 모시헝겊으로 몇 번 닦아내면 이런 투명한 색깔을 보여줄지 셈을 해 보았다. 담양이 장수마을로 이름난 이유가 달리 있지 않으리라.

사돈의 집은 깊은 산속에 있었다. 호남의 4대 명산이라는 삼인산三人山 자락에다 풍수에 해박한 바깥사돈이 심혈을 기울여 장만했다는 너른 집터였다.

이발한 지 며칠 안 된 듯 말쑥한 잔디와 울타리로 심었다는 가지런한 차나무가 단정하기 그지없었다. 대문위에는 알전구 모양 능소화가 손님을 반겼고 뜰 안의 보랏빛 도라지꽃도 일제히 뿔나팔을 불어 환영했다. 천 평이 넘는 땅에는 싱싱한 채소가 한창이었고 복분자 농원이 울창했다. 멀리 담양의 명물 대나무 밭이 보였다. 늘씬한 다리로 서 있는 키 큰 나무는 머리카락으로 나체를 가린 미녀처럼 꼭대기로 갈수록 댓잎이 풍성했다. 곧은 댓가지 사이로 달디 단 하늬바람이 드나들었다. 뒤켠에는 식당을 위한 장독대 항아리가 즐비했다.

일단 땅의 규모에 놀랐고 그 정갈함에 감탄하면서 그들 부부가 달리 보였다. 언제나 당당한 시어머니조차 "야, 기죽는구나!"란 말씀을 내 귀에 속삭이셨다.

며느리는 담양에서 태어나 중학생 때부터 나주로 자취를 나갔고 대학은 서울에서 중문과를 마친 후 미국으로 건너가 지금은 뉴욕에서 변호사로 일한다. 나처럼 철모르고 학교 다녔던 사람과는 여실히 다른 점이 장학금을 받으려고 눈에 불을 켜던 공부벌레였고 온냉방이 안 되는 고물차를 덜덜거리며 몰고 다니던 알뜰한 유학생이었다. 그녀는 부모님이 식당을 운영하면서 흘리는 땀방울을 보고 자신은 반드시 머리로 승부하는 사람이 되겠단 결심을 했다고 한다.

사돈내외는 성실과 근면의 본보기 같았다. 삼남매를 공부시키는 것 외엔 달리 무엇에도 관심을 두지 않았다며 공부를 많이 한다 해도 지식으로 외부와 담을 쌓는 사람이 되어서는 안 되고 남과 소통하는 지혜를 키우라는 것을 가훈으로 정했단다. 절로 존경스러워지며 자랑스러운 사돈이라 여겨졌다. 그들의 너른 땅이 내 배를 아프게 만들지 않았음은 더 말할 나위 없었다.

언젠가 방송에서 들은 바에 의하면 "사돈이건 사촌이건 남이 땅을 사면 배가 아프다."란 말은 원래 "남이 땅을 사면 배라도 아파야 한다."였다고 한다. 본래는 가난하고 어렵던 시절에 남을 축하해주려 해도 마땅한 선물이 없으니 배가 아파져서 인분을 비료로 보태주려는 미풍양속이란 것이다. 그런 말이 일제 치하를 거치면서 정반대의 의미로 변질되었다는 내용이었다. 그 해석이 백번 옳을 것이라 생각해 왔는데 사돈의 땅을 직접 눈으로 보고 나니 그곳엔 시기심이 자리할 곳이 없다고 확신하게 되었다. 다만 축복과 격려를 한껏 해주고 싶을 뿐이었다.

어머니의 보쌈김치

"글쎄 다시 열어보라니까."

친정에서 김장을 담그던 날이었다.

어머니는 옆에서 내가 속을 넣어 여민 보쌈김치를 펼쳐보라고 다그치셨다.

해마다 김장이 끝나면 얌체처럼 빈 통만 가져가 김치를 얻어왔지만 올해엔 나도 동참하기로 했다. 아들딸들에게 나눠주려고 배추김치 200포기를 담그신 어머니는 나를 위해 보쌈김치거리를 따로 장만해 두셨다. 막내사위가 유난히 좋아한다는 걸 잊지 않은 것이다.

국 사발에 넓은 배춧잎들을 펼치고 그 안에 단면으로 자른 배추 토막을 담은 다음, 각종 재료들을 사이사이 넣고 껍질을 잘 여미면 환상적인 보쌈김치가 탄생한다. 그 내용물들을 어머니는 밤새 손질하셨을 것이다. 굴, 낙지, 새우, 생태, 황석어, 잣, 호두, 밤, 대추, 은행, 미나리…….

이제는 혼자 기거하는 텅 빈 집에서 말동무 하나 없는 긴 밤을 일거리로 지새우셨겠지.

어머니와 나는 나란히 앉아 보쌈김치를 담그기 시작했다. 그런데 어머니는 내가 만드는 김치가 영 수상하다면서 자꾸 열어보라는 것이었다. 한 포기를 완성하는데 불과 3분이 걸리지 않는 것이 분명 무언가를 빠뜨렸을 것이라고 단정하셨다. 하는 수 없이 펼쳐 보이면 어머니는 고개를 갸우뚱거리셨다. 11가지 재료들이 빠짐없이 들어있었던 것이다.

산부인과 의사에게 꼭 필요한 덕목이 있다면 그건 바로 신속성이다. 산모의 몸에서 한 방울의 피라도 덜 흘리도록, 신생아가 일초라도 일찍 산소를 마시도록 하려면 무엇보다 신속함이 요구되었다. 병원의 구내식당에서도 가장 밥을 빨리 먹는 사람은 대체로 산부인과 전공의였다. 그렇게 속전속결에 길들여진 나는 어머니처럼 정성들여 꼼꼼히 하는 일엔 도무지 소질이 없었다.

후딱 김치 통 몇 개를 채우고 집으로 돌아왔다.

그런 나의 허물은 한참 후에야 드러났다. 바야흐로 김치를 꺼내 먹던 날.

보쌈이란 명칭이 무색하리만큼 배추들은 마구 헝클어져 있었다. 빨리 만들기에만 급급했던 나는 아무지게 감쌀 재간이 없었던 것이다. 낱낱이 흩어지는 김치덩이를 간신히 보시기에 담았더니 제일 처음 맛 본 남편이 한마디 했다.
"장모님도 이제 김장은 그만 담그셔야겠다."
엉성하게 여민 보쌈김치는 공기에 많이 노출되어 마치 삶은 듯이 물컹거렸다.
올해 구순인 어머니. 하지만 그토록 꿋꿋하고 정정한 어머니의 손맛을 내 솜씨로 먹칠을 하고 말다니…….

■ 연보

1959년 12월 9일 서울시 동대문구 용두동에서 아버지 김재남과 어머니 성하길 사이의 1남 4녀 중 막내로 출생.
1967년 용두초등학교 입학
1972년 한샘여자중학교 입학
1975년 신광여자고등학교 입학
1978년 이화여자대학교 의과대학 입학
1984년 의사면허증 취득
1987년 산부인과 전문의로 활동
1990년 신경정신과 전문의인 남편 최형관을 만나 슬하에 1남 3녀를 둠.
1992년 의학박사 학위 취득
1998년 수필 공부를 시작하여 《책과 인생》으로 등단하고 작가의 길에 들어섬.
2009년 수필집 《초대》 출간
          제4회 남촌 문학상 수상
2010년 수필집 《의사로 산다는 것》 출간
2011년 수필집 《위로》 출간

2014년   수필집 ≪명작 속의 질병이야기≫ 출간
2015년   수필집 ≪아프지 마세요≫ 출간

♣ 1999년부터 현재까지 강남구 역삼동에 '은혜 산부인과'를 개원하고 진료에 임하고 있음.

현대수필가 100인선 II · **24**
김애양 수필선

유토피아로의 초대

초판 인쇄 2016년 9월 20일
초판 발행 2016년 9월 30일

지은이 김애양
펴낸이 서정환
펴낸곳 수필과비평사 · 좋은수필사
주소 서울시 종로구 삼일대로 32길 36(운현신화타워 빌딩) 305호
전화 02)3675-5635, 063)275-4000 팩스 063)274-3131
등록 제 300-2013-133호
이메일 sina321@hanmail.net essay321@hanmail.net

저작권자 ⓒ2016, 김애양
이 책의 저작권은 저자에게 있습니다. 서면에 의한 저자의 허락없이
내용의 일부를 인용하거나 발췌하는 것을 금합니다.

저자와 협의, 인지는 생략합니다
잘못된 책은 바꿔 드립니다

ISBN 979-11-5933-046-9 04810
ISBN 979-11-85796-15-4 (전100권)

값 7,000원

이 도서의 국립중앙도서관 출판예정도서목록(CIP)은 서지정보유통지원시스템 홈페이지
(http://seoji.nl.go.kr)와 국가자료공동목록시스템(http://www.nl.go.kr/kolisnet)에서
이용하실 수 있습니다.(CIP제어번호: CIP2016022630)